LA THÉORIE DE LA ZONE MONÉTAIRE MONDIALE

Sandavoy Adamoh Djelhi - Yahot

LA THÉORIE DE LA ZONE MONÉTAIRE MONDIALE

Les impliqués
Éditeur

21 bis, rue des écoles, 75005 Paris

www.lesimpliques.fr
contact@lesimpliques.fr

ISBN : 978-2-343-21864-9
EAN : 9782343218649

À quoi servirait le ciel s'il fallait ne pas rêver ?

Félix Houphouët - Boigny

Dans la vie, on est fort que pour un temps, jamais de tous temps.

S.A. Djelhi Yahot

Il ne faut jamais espérer avant d'entreprendre ni réussir pour persévérer

Guillaume d'Orange

GLOSSAIRE

BAD	: Banque Africaine de Développement
BIRD	: Banque Internationale pour la Reconstruction et le Développement
BIT	: Bureau International du Travail
CEA	: Commission Economique Africaine
CEDEAO	: Communauté Economique Des Etats de l'Afrique de l'Ouest
CEMAC	: Communauté Economique et Monétaire de l'Afrique Centrale
COMESA	: Common Market for Eastern and Southern Africa
FED	: Federal Reserve Bank, la banque Centrale des Etats-Unis d'Amérique
FMI	: Fonds Monétaire International
GATT	: General Agreement on Tarif and Trade
IDA	: International Development Agency
OIF	: Organisation Internationale de la Francophonie
OMC	: Organisation Mondiale du Commerce
SADC	: Southern African Developement Community
UA	: Union Africaine

SOMMAIRE

INTRODUCTION

La déclaration de l'inconvertibilité du dollar, par le Président américain Richard Nixon en 1971, avait implicitement soulevé la question de la réforme du système monétaire international mis en place, à Bretton Woods, en 1944. Les Accords de Kingston(Jamaïque), en officialisant le système de change flottant, en 1976, avait définitivement mis fin à ce système élaboré environ trois décennies auparavant ; Mais, ils posaient, en même temps, le problème de l'efficacité du fonctionnement des mécanismes monétaires au niveau international. Déjà, en 1969, le Fonds Monétaire International(FMI)) avait tenté de résoudre, assez maladroitement d'ailleurs, le problème de liquidité, donc de devise internationale, par la création des DTS comme monnaie de paiement international, en remplacement (?) du dollar dont l'usage créait de la surliquidité au niveau international. À la conférence de Bretton Woods, en 1944, Keynes (membre de la délégation britannique) qui avait préconisé, à la place du FMI (un fonds), la création d'une banque centrale mondiale, avait anticipé les difficultés du FMI, une institution internationale non bancaire, à pouvoir réguler et gérer efficacement le système monétaire international.

Dès le début des années 1960, Triffin(1960) pointait du doigt les défaillances du système monétaire de Bretton Woods de taux de change fixe tel que conçu ; il dénonçait les avantages exorbitants accordés aux États-Unis d'Amérique qui, par le mécanisme de n-1 parités dû à l'existence de la n ième monnaie, s'étaient affranchis, dès le départ (en 1947) du soutien de leur propre monnaie et pouvaient faire financer leurs déficits par les autres pays membres (ce qu'ils firent). Jacques Rueff (1963,1966,1973), dans le droit fil de Triffin ((1960), s'était aussi élevé contre Bretton Woods.

Milton Friedman (1953,1957) et les monétaristes, eux, défendaient le système de change flottants « comme moyen de protéger l'économie nationale contre les chocs internationaux et de donner une indépendance(relative) aux autorités monétaires pour la conduite de la politique monétaire en vue d'atteindre les objectifs internes, sans imposer de contrôles de capitaux ».

Dans ce débat, James Tobin (1978) avait préconisé une taxe sur les capitaux spéculatifs quand Williamson (1983), Edison et al (1987), Williamson et Miller (1987.), McKinnon (1988), Krugman (1989) avaient, respectivement, fait des propositions de réforme du système monétaire international. Mais, jusqu'ici, aucune d'elles n'a été intériorisée et appliquée par les pays membres du FMI, à l'exception, de la taxe de Tobin que l'on a appliquée ou applique mal et partiellement, sur certaines transactions internationales (sur les billets d'avion par exemple) ; en effet, Tobin avait prévu de l'appliquer sur les capitaux spéculatifs, parce que perturbateurs du système monétaire et financier international.

Pourtant, la théorie monétaire, principalement, la théorie de la zone monétaire optimale (Mundell, 1961 ; Fleming, 1961 ; McKinnon, 1963 ; Kenen, 1969) et la nouvelle théorie de la zone monétaire optimale, formulée par de très nombreux économistes, (cf., plus loin) expliquent qu'il y a plus d'avantages (bénéfices) que d'inconvénients (coûts), pour des pays, à avoir une seule banque centrale, donc une monnaie commune, que de conserver individuellement leurs propres monnaies. C'est sur cette base théorique que l'Union européenne et les unions monétaires africaines se sont construites ; Mais, on observe des difficultés, des pays membres de ces unions monétaires et du système monétaire internationale, à aller plus loin.

Or, autant que la théorie, les faits, à travers les limites du système monétaire de Bretton Woods et actuel et la mondialisation économique devenu irréversible, militent en faveur d'une réforme monétaire au niveau international : la création d'une zone monétaire à l'échelle mondiale, incluant les économies de tous les pays du monde, pour leur permettre de bénéficier de ses effets positifs, et éviter ou réduire, entre autres, les effets néfastes de la politique monétaire de la FED sur les économies des autres pays, même si les obstacles ne manquent pas.

Dans un livre précédent (cf. *L'endettement international, mythe ou réalité en Afrique*, de S.A. Djelhi Yahot, éditions l'Harmattan, 2020, Paris), j'ai simplement évoqué la question de la formation d'une zone monétaire à l'échelle mondiale, avec comme monnaie commune, le dollar américain.

L'objet du présent livre est de démontrer qu'une telle réforme du système monétaire international est rationnelle, du point de vue économique et possible si l'on se place sur le terrain purement scientifique, en dehors de toute considération politicienne ou idéologique. Si les institutions internationales politiques (ONU, UA, OIF etc.) et économiques (BAD, BIRD, BIT, CEA, CEDEAO, CEMAC, CNUCED, CEA, FMI, OMC, SADC UEMOA etc.) fonctionnent - avec plus ou moins de bonheur - et arrivent à résoudre bon nombre de problèmes, il n'y pas de raison qu'une banque centrale mondiale, avec une monnaie unique, ne marche pas, ne réussisse pas à résoudre les problèmes monétaires au niveau international. Tout est une question de volonté commune à vouloir régler, de façon optimale (cf. Pareto), les problèmes monétaires au niveau international, avec des instruments et mécanismes économiques rationnels déjà déterminés par la théorie économique que nous exposerons dans ce livre. Dans cette optique, le livre comprend quatre chapitres. Le premier chapitre expose le système monétaire international depuis Bretton Woods, ses faiblesses et les problèmes qu'il a engendrés ; le second chapitre présente la théorie de la zone monétaire optimale qui constitue le fondement théorique pour la création de toute union monétaire (cf. l'Union européenne et les unions monétaires africaines). Le troisième chapitre passe en revue les différentes propositions de réformes du système monétaire international ; enfin, le quatrième et dernier chapitre suggère la création d'une zone monétaire à l'échelle mondiale, avec le dollar américain, comme monnaie commune.

CHAPITRE PREMIER LE SYSTÈME MONÉTAIRE INTERNATIONAL DE BRETTON WOODS, SES INSUFFISANCES ET EXTERNALITÉS NÉGATIVES

Les alliés, sentant la fin de la Seconde Guerre mondiale proche, s'étaient retrouvés, à la conférence de Bretton Woods (dans l'État de New Hampshire aux USA), en 1944, pour mettre en place un autre ordre économique mondial et un nouveau système monétaire international qui prit fin en 1973 ; à cette occasion donc, furent créés le Fonds Monétaire International (FMI) et la Banque Internationale pour la Reconstruction et le Développement (BIRD, communément appelée Banque Mondiale). Si la création de la Banque Mondiale comme institution de financement du développement, n'avait pas posé de problème particulier, l'objet du FMI fut sujet à d'intenses débats, entre d'un côté, les américains et de l'autre, les européens, particulièrement la délégation britannique dont faisait partie, le grand économiste de l'époque, John Maynard Keynes, auréolé de sa théorie économique(de 1936) qui avait créé un nouveau courant de pensée et révolutionné la pensée économique et qui porte son nom, le Keynésianisme. Keynes voulait une banque centrale à l'échelle mondiale ; les américains, futurs grands vainqueurs de la guerre et sauveurs de l'Europe du nazisme, avaient imposé plutôt le FMI comme institution de surveillance du système monétaire international. La théorie économique, les faits et le temps donneront raison à Keynes, deux décennies après. Mais, c'était trop tard, et cela ne pouvait changer grand-chose ; on a tout simplement réorienté le rôle initial du FMI, comme nous le verrons.

I. LE SYSTÈME MONÉTAIRE DE BRETTON WOODS

Le système monétaire établi à Bretton Woods visait donc « à créer un cadre de coordination et de coopération monétaires, à partir de règles crédibles, pour assurer la prospérité et la paix sur une longue période ». Il s'agit précisément du :

- maintien du système de parité fixe, mais ajustable, dans une fourchette de plus ou moins 1%, soutenu par des contrôles de flux de capitaux à court terme et l'accès au crédit, à court terme du FMI pour couvrir, de façon temporaire, les déficits de balance des paiements ;

- la préservation de la convertibilité en or, à travers la fixation de la parité du dollar en or, à 35 onces ;

- la détermination de la parité des autres monnaies en or, à travers le dollar américain ;

Ainsi, le dollar était la monnaie-pivot du système monétaire de Bretton Woods.

Le FMI avait donc pour rôle de :

- promouvoir la stabilité des taux de change ;

- donner confiance aux pays membres, en mettant à leur disposition, des ressources avec la sécurité nécessaire ;

- promouvoir la coopération monétaire internationale par consultation et coordination sur les problèmes monétaires internationaux ;

- faciliter la croissance équilibrée du commerce international et des niveaux élevés d'emplois et de revenu réel ;

- établir un système multilatéral de paiement pour les transactions du compte courant ;

- réduire la durée et abaisser le degré de déséquilibre des balances des paiements.

On avait également établi des règles à respecter par les États- membres. La Règle Générale prévoyait que « tout membre s'engage à ne permettre, sur son territoire, que des opérations de change qui respecteront un écart ne dépassant pas la marge de1% », quand la Règle d'exception stipule : « est réputé avoir rempli cette obligation, tout État- membre dont les autorités monétaires achètent ou vendent librement l'or au cours correspondant plus ou moins à la parité prescrite par le FMI ».

Possédant un stock considérable d'or, dû au fait que le système d'étalon-or d'entre les deux guerres (1924-1936) maintenait, à la fois, devise étrangère et or, comme réserves internationales, les États-Unis s'exonèrent de la Règle Générale dès 1947, par une lettre de monsieur Snyder, Secrétaire d'État américain au Trésor, adressée au Directeur Général du FMI, en vendant et achetant de l'or contre le dollar américain. Ce faisant, et en application de la Règle d'exception, les États-Unis « n'avaient plus à intervenir pour défendre la parité de leur monnaie à la marge de plus ou moins 1% ».

Mais, l'obligation demeure pour les autres pays membres du FMI, c'est-à-dire les n-1 membres qui, en contrepartie, pouvaient acquérir de l'or contre le dollar à parité fixe.

Statistiquement, il apparait alors dans le fonctionnement du système, une n ième monnaie à statut tout à fait spécifique (Henri Bourguina, 1992) :

- au lieu d'avoir n (n-1) / 2 parités, il suffit d'établir n-1 parités vis-à-vis de la n ième monnaie, pour que toutes les autres parités bilatérales soient simultanément établies entre elles ;

- le mécanisme de la n ième monnaie renvoyait la charge des interventions officielles sur les banques centrales autres que celle du pays émetteur, c'est-à-dire la banque centrale émettrice se contentant de s'abstenir de défendre sa propre monnaie (on parle de benign neglect ou négligence bienveillante en français).

Comme on peut le constater, le système monétaire international mis en place à Bretton Woods, comportait des faiblesses qui vont gêner considérablement son fonctionnement, au point de conduire, en 1976, à sa fin officielle marquée par les Accords de Kingston(Jamaïque).

II.LES FAIBLESSES ET EXTERNALITÉS DU SYSTÈME DE BRETTON WOODS

Le système monétaire international mis sur pied à Bretton Woods pour assurer un meilleur fonctionnement de l'économie internationale comportait des faiblesses internes qui, conjuguées avec les externalités négatives produites, vont conduire à sa fin, avec l'officialisation du système de change flottant par les Accords de Kingston(Jamaïque), en 1976.

2.1. Les faiblesses du système de Bretton Woods

2.1.1. Les privilèges exorbitants des États-Unis

Le système monétaire international de Breton Woods comportait une faiblesse principale (Triffin, 1960 ; Henri Bourguinat,1992) ; il ouvrait « la possibilité de financement des déficits du pays – centre (les États-Unis) par les créanciers » et générait trois faiblesses dérivées de la principale.

La situation dominante américaine a, logiquement, engendré trois autres faiblesses du système de Breton Woods :

- la duplication des bases du crédit ;

- le seigneuriage américain ;

- la soumission des autres pays à la politique monétaire américaine.

Triffin (1960), puis Jacques Rueff (1963), relèvent « le dédoublement des bases du crédit résultant de l'organisation des paiements de l'époque : en cas de déficit américain, on enregistrerait, en Europe et au Japon, un gonflement du poste « or et devises » des pays créanciers ; ceci entrainerait une création de monnaie centrale dans ces pays. Toutefois, du fait du placement aux États-Unis, des dollars ainsi accumulés par les banques centrales non américaines, il ne se produirait pas, en Amérique, la contraction compensatrice de la monnaie centrale qu'on serait en droit d'y attendre, du fait de l'existence du déficit de la balance des paiements. Il en résulterait une expansion de la monnaie, et, dans l'optique de la théorie quantitative, une accélération de l'inflation mondiale induite ». Henri Bourguinat (1992) confirme effectivement que le taux moyen annuel de l'inflation mondiale de 2,5% à 3% entre 1956 et 1965, était passé à 4,1% entre 1966 et 1970, période de creusement réel du déficit américain.

Grubel (1972), Kirschen (1975) et d'autres économistes, soutiennent que les États-Unis, pays-centre du système de Bretton Woods, bénéficiaient de droit de seigneuriage, par le financement de leur déficit en leur propre monnaie. Le seigneuriage, c'est le droit et les bénéfices que confère, comme au Moyen-Âge, le monopole du monnayage et de la dissociation entre valeur faciale des pièces de monnaie et poids ou titre de leur contenu en métal.

Plus explicitement, Grubel (1972) définit le seigneuriage comme « l'ensemble des rentes qui vont à l'émetteur public de la monnaie (réserves obligatoires non rémunérées, inflation) qui trouverait aussi une représentation au point de vue international ». Grubel (1972), indique que l'on pourrait calculer le seigneuriage des États-Unis, par la valeur actualisée de tous les gains futurs, avec l'hypothèse que le règlement de ces déficits est soldé en dollars, sur n années ;

Soit

$$S = \left[\left(\frac{R_1 - r_1 - c_1}{1 + d} \right) + \left(\frac{R_2 - r_2 - c_2}{(1 + d)^2} \right) + \text{-----} + \left(\frac{R_n - r_n - c_n}{(1 + d)^n} \right) \right]$$

R = la productivité marginale sociale des ressources acquises à partir du déficit (par exemple, les investissements extérieurs, rendus possibles par le financement du déficit en dollars) ;

r = le taux d'intérêt sur les dollars replacés aux États-Unis par les banques centrales gagnant les balances - dollars;

c = le coût des affaires, c'est-à-dire les frais et charges inhérents au rôle d'émetteur de la monnaie internationale, par exemple, les charges correspondant au rôle de prêteur en dernier ressort ;

d = le taux d'actualisation

D= le montant du déficit de la balance américaine

R, r et c sont constants et la somme des déficits d'une période $\sum D$ est égale aux accroissements en réserves officielles des banques centrales non américaines. On obtient alors :

$$S = \frac{R - r - c}{1 + d} \sum D$$

Swoboda (1983) et De Grauwe (1989), eux, relèvent que la soumission des autres pays (les n-1 pays) à la politique monétaire américaine est un inconvénient majeur du système de Bretton Woods. À cet égard, suivons la démonstration, avec De Grauwe (1989), en notant que A représente les États-Unis et B, le reste du monde. Alors, les fonctions de demande de monnaie sont les suivantes :

$$P_A . L_A (Y_A , i_A)$$

$$P_B . L_B (Y_B , i_B)$$

L_A et L_B sont les préférences de liquidité respectivement pour les deux pays A et B, Y_A et Y_B, leurs revenus nationaux respectifs, P_A et P_B, les niveaux de prix , et i_A et i_B,, les taux d'intérêt nominaux.

On suppose que $i_A = i_B + \mu$, μ étant le taux de dévaluation anticipé du pays A.

Avec l'hypothèse de l'anticipation d'une dévaluation dans A, alors $\mu > 0$, et le taux d'intérêt dans A croitra au titre de compensation. À l'inverse, en change fixe, si le taux de change de la monnaie de A est anticipé comme devant être stable, $\mu = 0$.

Avec M_A et M_B, les offres de monnaie des deux pays ,en régime de changes fixes, on obtient, à l'équilibre:

$$P_A . L_A (Y_A, i_A) = M_A$$

$$P_B . L_B (Y_B , i_B) = M_B$$

Grubel(1989) représente graphiquement cette démonstration comme suit :

Pays A (USA) Pays B (Reste du monde)

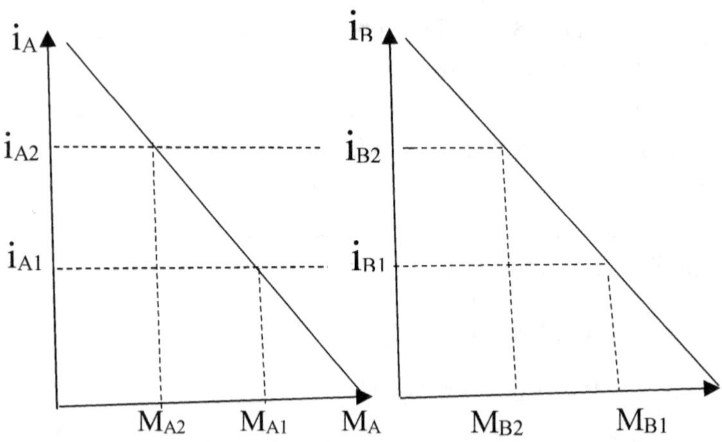

Graphique n°1

Sur le graphique n° 1, si le pays A (les États-Unis) fixe, par exemple, son stock de monnaie à M_{A1} , il impose, du coup au pays B (le reste du monde), le montant de son stock de monnaie au niveau M_{B1} et son taux d'intérêt de sorte que

$$i_{A1} = i_{B1}$$

Soit M_{B1}, le niveau du stock initial du reste du monde, c'est-à-dire le pays B qui décide de le réduire au niveau M_{B2}, fixant du coup, son taux d'intérêt à i_{B2}, à un niveau plus élevé. Ceci entrainera une entrée de capitaux en provenance du pays A (les États-Unis) et forcerait le reste du monde(B) à acheter du dollar et à vendre sa propre monnaie.

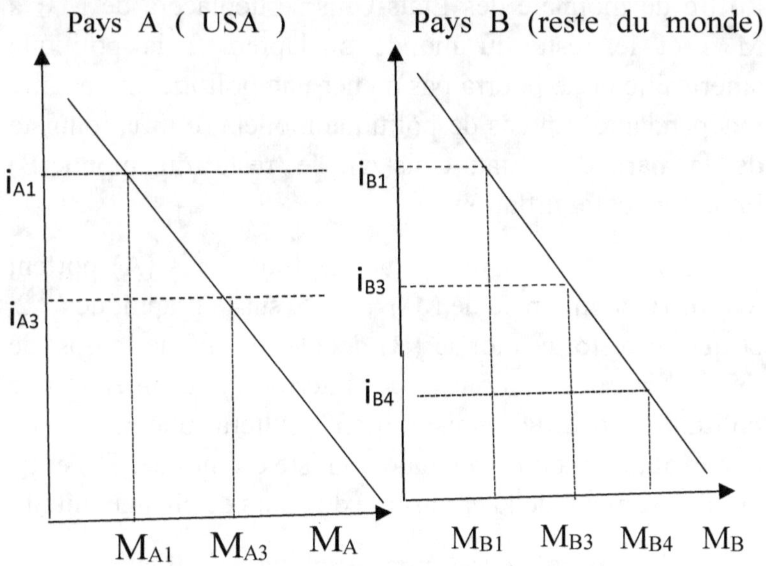

Graphique n°2

Dans le pays A, les États-Unis, ce sont des mouvements inverses qui se produisent. On a, alors, une diminution du stock de monnaie dans le pays A (sortie de capitaux) et une augmentation de capitaux dans le pays B.

De Grauwe (1989) pense que les effets de cette intervention ne seront pas symétriques pour deux raisons :

- les États-Unis(A) feront de la stérilisation pour compenser les sorties des capitaux (achats de bons du trésor) ;

-. le reste du monde(B) aura tendance à placer ses balances – dollars supplémentaires aux États-Unis(A).

La conséquence est représentée sur le graphique 1 : l'offre de monnaie des États-Unis se déplacera de M_{A2} à M_{A1}, et le reste du monde s'adaptera à la politique américaine et ne pourra pas mener une politique monétaire indépendante. En cas de politique monétaire inflationniste de la part des États-Unis(A), le reste du monde(B) importera cette inflation.

Si l'on fait l'hypothèse que les États-Unis (A) portent leur offre de monnaie de M_{A1} à M_{A3}, sur le graphique n° 2, et que le reste du monde (B) décide, en même temps, de limiter sa masse monétaire interne pour mener une politique anti-inflationniste, il en résultera une pression à la réévaluation de la monnaie du reste du monde(B) et un affaiblissement de la crédibilité du cours de change initial :

- les spéculateurs anticiperont la réévaluation de la monnaie du reste du monde (B) ;

- μ devient positif (le dollar est anticipé à la baisse ; c'est une dévaluation). De Grauwe parle d'une sorte de « coinage » alors introduite entre les taux d'intérêt de A et de B. et le taux d'intérêt de B doit décliner au-delà de i_{B3} pour compenser la baisse anticipée du dollar, et par conséquent, la valorisation anticipée des actifs détenus en monnaie de B. « Le taux d'intérêt sera porté à i_{B4}, de telle sorte que, alors même que les États-Unis maintiennent leur taux d'intérêt à i_{A3}, et leur stock monétaire à M_{A3}, le reste du monde doit accepter que son taux d'intérêt descende à i_{B4}, et que son stock de monnaie augmente jusqu'à M_{B4}, du fait des achats de sa monnaie par les spéculateurs privés. ».

Dans le cas précis de l'accommodation du reste du monde à la politique monétaire expansionniste des États-Unis, des crises spéculatives peuvent conduire à une augmentation significative du stock mondial de monnaie. Certains économistes trouvent là, l'explication fondamentale de l'abandon du régime de change fixe.

En plus de la domination de l'économie américaine et de la prédominance de l'utilisation du dollar – roi, d'autres économistes ont identifié trois limites techniques du système monétaire de Breton Woods, dérivées d'ailleurs des premières limites ; il s'agit :

- du privilège exorbitant accordé aux États-Unis d'Amérique, pays émetteur de la monnaie internationale, en ce qui concerne le financement de ses déficits, qui les exonère de toute sanction en cas de déficit de leurs balances des paiements ;

- de la soumission des n-1 autres pays du système à la politique monétaire américaine (ce que nous avons déjà mentionné) ;

- de l'adaptation du régime de changes fixes à un environnement de capitaux peu ou pas mobiles, qui subit davantage de pressions, au fur et à mesure du renforcement de l'intégration financière internationale, surtout à la fin des années 1960.

2.1.2. L'irrationalité dans la conception du rôle du FMI

On peut également relever que le système monétaire de Bretton Woods portait une contradiction interne fondamentale qui, dès le départ, constituait un handicap sérieux pour son fonctionnement efficace. Il s'agit précisément d'une erreur du point de vue de la rationalité économique qui ne pouvait que conduire à l'inefficacité. En effet, il était irrationnel économiquement, de vouloir faire remplir au FMI, une institution non bancaire, le rôle de contrôle et de surveillance de la liquidité monétaire au niveau international ; ce rôle est dévolu fondamentalement aux banques centrales, au niveau des pays ou des unions monétaires. Il y avait, indubitablement, conflit de compétence entre les banques centrales et le FMI, d'où l'incapacité de ce dernier à agir directement sur la liquidité monétaire internationale. Il aurait fallu, faire du FMI, une banque centrale (comme le préconisait Keynes) pour les pays membres, pour respecter la rationalité économique et espérer résoudre, plus efficacement, les problèmes monétaires à l'échelle internationale.

2.2. Les externalités du système de Bretton Woods

Le fonctionnement du mécanisme mis en place à Bretton Woods a causé des difficultés dans le fonctionnement de l'économie internationale.

Triffin (1960) avait relevé le danger que constituait l'importance prise, dans les réserves de change, par les monnaies de réserves à côté du métal lui-même (l'or), depuis la conférence de Gêne en 1922, passant à 9%, 49% et 55,65% respectivement en 1937, 1958 et 1970.1

Tout en avertissant du danger que constituait l'importance prise, dans les réserves de change, par les monnaies de réserves à côté du métal lui-même (l'or), depuis cette conférence de Gêne en 1922, Triffin (1960) avait prévu donc le dérapage vers l'explosion des liquidités et une inflation galopante : « L'accumulation des balances constituées à hauteur de 80% en dollars allait procurer le moyen principal d'accroissement des liquidités internationales ».

Par ailleurs, il avait dénoncé les mécanismes du système qui avaient engendré un stock de balance - dollars extrêmement élevé par rapport à la réserve en or des États-Unis dans les années 1960 et début 1970 ;

Tableau n° 1 : Réserves et engagements des États-Unis (1959-1971) en milliards de dollars							
Années	1959	1961	1963	1965	1967	1969	1971
Engagement total	21,5	18,8	16,8	15,4	14,9	17	12,2
dont or	19,6	16,9	15,6	13,8	12	11,9	10,2
Engagements liquides	19,4	22,9	26,3	29,6	36,7	45,8	67,7
dont vis- à-vis des Banques centrales étrangères	10, 1	11, 8	14,4	15,8	18,2	16	21

Source: FED

Sur le tableau n° 1, ci-dessus, les engagements liquides en dollars détenus par les créanciers des États-Unis par rapport à l'or stocké, étaient, de toute évidence, excessifs : Ainsi, le rapport engagements liquides /or, de moins de 2 en 1961 et 1963, passe à 2,14 en 1965, puis, à 2,97 en 1967, puis à 3,84 en 1969, et enfin, à 6,63 en 1971. Cette évolution ne pouvait que conduire, rationnellement, à une inconvertibilité du dollar et à une probable démonétisation de l'or, de la part de l'État américain. C'est ce que fit, logiquement, le président Nixon en 1971.

Le système de Breton Woods, du fait du rôle du dollar américain comme monnaie internationale de réserve, reposait sur la politique monétaire des États-Unis qui, tout en évitant d'ajuster leurs déficits de balance des paiements, faisaient des investissements à l'étranger (acquisition d'encaisses) et pouvaient, éventuellement, emprunter à bas taux d'intérêt qu'autrement, à cause de la préférence internationale pour les actifs libellés en dollars.

La France (sous l'influence de l'économiste Jacques Rueff) s'en accommodait mal et faisait pression pour un retour au système d'étalon-or ; L'Allemagne considérait les déficits américains comme inflationnistes. Des divergences donc apparaissaient sur le fonctionnement du système de Bretton Woods.

Les pays du G10, de l'OCDE, du FMI, du Comité des 20 et du Groupe des 24 pays en développement tentèrent de remplacer le dollar dans son rôle de monnaie internationale de réserve ou d'élargir les marges de variation des taux de change (Solomon, 1982, Williamson, 1977) ; mais, aucun consensus ne put être réalisé sur le sujet et sur le problème de la quantité adéquate de liquidité dans l'économie mondiale : « Trop faible quantité ou trop grande quantité de liquidité ? » ; même les Droits de Tirage Spéciaux(DTS), créés en 1969, comme une devise internationale, pour remplacer le dollar américain, sont demeurés plus une unité de compte qu'une monnaie et un instrument monétaire de politique économique. En effet, il était illusoire et irrationnel économiquement, de vouloir faire remplir aux DTS, une unité de compte émise et gérée par le FMI, une institution non bancaire, les autres fonctions d'intermédiaire des échanges et de réserve de valeur de la monnaie. De plus, le problème de surliquidité internationale, depuis le début des années 1960 (cf. Triffin, 1960) se posait déjà, avec une certaine acuité, comme nous l'avons relevé plus haut. Soulignant, d'ailleurs, l'inopportunité de la création de ces DTS, Jacques Rueff (1973) avait ironisé en disant: « Évoquer l'usage des DTS, c'est parler d'inondation en période de déluge ».

Ainsi , l'unanimité, autour de Breton Woods, ne tarda pas à s'effriter comme le note si bien Schenk (2010) : « D'autres formes de coordination se développèrent pour favoriser le commerce multilatéral sans pleine convertibilité : l'Union Européenne des Paiements pourvoyait aux règlements mensuels du commerce européen avec des paiements en dollars et en or , de façon prédominante ; la Zone Sterling (le Royaume - Uni et les autres pays du Commonwealth, à l'exception du Canada) commença à effectuer des contrôles de change contre le dollar américain, maintint la plupart de ses réserves en Livres Sterling et bénéficia de circulation de plus en plus libre de flux de capitaux (surtout entre 1945 et 1958) ».

« Ces solutions intérimaires permirent de libéraliser le commerce qui impacta positivement la croissance économique, et d'introduire la convertibilité du compte courant observée dans la plupart des pays à la fin de 1958 » (Bordo et Schenk, 2010).

Mais, la règle de convertibilité étant inconsistante avec les objectifs prioritaires de plein - emploi et de croissance économique au niveau domestique, le développement du marché des capitaux ne pouvait plus être contenu ; et « les marchés offshore de Londres et la convertibilité du compte courant , dans les années 1960, avaient mis à rude épreuve , l'adhésion à la règle de taux de change fixe, de sorte qu'il eût, de façon répétitive, des ajustements de parités »,(Bordo et Schenk(2016) et des attaques spéculatives contre le franc, le mark et la livre sterling - et même contre le dollar américain - à la fin des années 1960. Ceci fragilisa davantage le système monétaire de Breton Woods. La règle de la convertibilité-or était abandonnée en mars 1968. La convertibilité et la règle de l'étalon - or furent finalement rejetées en 1973 et le système de change flottant se généralisa, après que le Président Richard Nixon eût mis fin à la convertibilité du dollar en or, en Août 1971. Le système de change flottant fut, logiquement, officialisé par les Accords de Kingston (Jamaïque) en 1976.

Dans le cas que nous venons de décrire, en plus du fait que le reste du monde doit s'accommoder de la politique monétaire expansionniste des États-Unis, des crises spéculatives peuvent conduire à une augmentation significative du stock mondial de monnaie. Certains économistes trouvent là, l'explication fondamentale de l'abandon du régime de change fixe.

CHAPITRE DEUXIÈME
LA THÉORIE DE LA ZONE MONÉTAIRE OPTIMALE

La théorie de la zone monétaire optimale est fondée sur un ensemble de critères qui sont des facteurs déterminants de la formation d'une union monétaire et sur les bénéfices nets (bénéfices moins coûts) que l'union procure à ses États- membres.

Mundell (1961), Fleming (1961), Ingram (1962), McKinnon (1963) et Kenen (1969) ont élaboré les premiers critères (que nous appelons ici traditionnels) qui seront, par la suite, complétés par beaucoup d'autres économistes.

I.LES CRITÈRES DE LA THÉORIE TRADITIONNELLE

1.1. La mobilité des facteurs et la flexibilité des salaires et des prix

Mundell (1961) part de l'idée que les caractéristiques d'une économie doivent être les déterminants de son régime de taux de change. Alors, il a déterminé les conditions qui, si satisfaites, réduiraient la probabilité de l'existence de taux de change flexibles. À l'inverse, il a montré que, sous certaines conditions, l'existence de monnaies distinctes entre des pays et l'ajustement de taux de change seraient inefficaces.

Il identifie, alors, les zones monétaires optimales sous l'angle de la détermination du domaine géographique – au-delà du territoire national - où l'objectif d'équilibre, représenté par une faible inflation, le plein – emploi et l'équilibre externe (balance des paiements soutenable) pourrait être facilement acquis.

Mundell (1961) prend l'exemple de deux pays A et B - chacun ayant sa propre banque centrale - qui forment une union monétaire, par l'adoption d'un taux de change fixe entre leurs monnaies. Puis, il fait quatre hypothèses :

- A produit seulement des automobiles et B produit du bois (pour charpente) ;

- absence de mouvement de capitaux entre les deux pays A et B, étant entendu que leur commerce bilatéral est équilibré et qu'ils sont en situation de plein-emploi ;

- les prix et les salaires sont rigides dans les deux pays ;

- le pays A connait une augmentation en productivité conduisant à un excès de demande pour les produits du pays B et un excès d'offre de produits (voitures) pour le pays A.

L'impact immédiat d'un choc en matière de productivité crée du chômage dans le pays A et l'inflation dans le pays B, un déficit commercial dans le pays A et un excédent commercial dans le pays B. Alors, Mundell propose trois critères pour apprécier l'optimalité :

- la mobilité du facteur travail qui corrige le déséquilibre en évitant le besoin d'ajustement du taux de change nominal ;

- la flexibilité de salaires dans les deux pays de sorte que l'accroissement de la demande, dans le pays B, y augmenterait les salaires, conduisant à une baisse de l'offre globale des biens et services et à une hausse des prix tandis que la baisse de la demande dans le pays A, y réduirait les salaires, provoquant un accroissement de l'offre globale de biens et services et une baisse du niveau général des prix dans ce pays. Les agents économiques dans les deux pays achèteront moins de produits dans le pays B, et plus de produits dans le pays A, restaurant ainsi l'équilibre ;

- en absence de mobilité du facteur travail et/ou de flexibilité de prix et de salaires, il existe l'argumentation d'efficacité en faveur de la flexibilité du taux de change nominal et de la politique monétaire distincte entre les deux pays A et B.

Du point de vue microéconomique, Mundell (1969, 1997) a donné des explications et identifié d'autres facteurs qui sous-tendent les zones monétaires relativement larges :

- l'efficacité de la monnaie dans ses fonctions de moyen d'échange et d'unité de compte qui diminue quand le nombre de monnaie en circulation augmente sous le régime de change flexible ;

- les coûts de transactions et d'informations monétaires qui augmentent, avec l'existence d'un plus grand nombre de monnaies ;

- un grand nombre de petites zones monétaires pourrait conduire à un faible marché de change étranger, facilitant ainsi la tâche aux spéculateurs d'impacter les prix du marché, c'est-à-dire le taux de change, rendant par la même occasion, la politique monétaire plus difficile à conduire ;

- le cas de taux de change flexible qui dépend de l'existence ou non d'union monétaire, « ce qui suppose que l'hypothèse de taux de change flexible implique que les agents économiques dans l'économie donnée accepteraient des variations de leurs revenus réels, à travers une variation du taux de change, mais ne seraient pas prêts à accepter des modifications de leurs revenus réels à travers des ajustements de leur taux de salaire nominal par la variation du niveau des prix » ;

- quand une zone monétaire s'élargit moins et s'ouvre davantage au commerce, l'hypothèse d'illusion monétaire devient de plus en plus fragile puisque la part des importations dans le total de la consommation augmente.

1.2. L'intégration financière

Ingram (1962), pense que, dans une zone monétaire, l'intégration financière peut permettre d'éviter l'usage de l'instrument de change ; en effet, les perturbations pourront être amorties par des afflux de capitaux sous forme d'emprunts auprès des zones de surplus ou par la vente d'actifs étrangers nets. À cet effet, il explique que, dans le cas d'une forte intégration financière, de faibles variations de taux d'intérêt pourront parfaitement équilibrer les mouvements de capitaux.

1.3. Le degré d'ouverture

L'idée de l'ouverture sur l'extérieur comme critère d'optimalité a été développée par McKinnon (1963). Par l'introduction du ratio entre biens échangeables et biens non échangeables, dans l'économie, McKinnon (1963) explique que « seuls les premiers sont affectés par les niveaux d'importation ou d'exportations alors que les prix des biens non échangeables dépendent de la monnaie nationale, introduisant par la même occasion, le degré d'ouverture comme critère d'optimalité pour la zone monétaire ». Or, quand le ratio est élevé dans une économie ouverte, toute modification du taux de change entraine une modification pratiquement équivalente du prix des produits importés ou exportés, ce qui tend à se répercuter sur tous les prix.

En effet, McKinnon (1963) explique que si le taux de change, dans une économie relativement ouverte, change en réaction à une perturbation quelconque (choc), l'indice général des prix, comprenant les prix des biens échangeables et non échangeables, aura tendance à varier davantage que dans une économie relativement fermée, provoquant ainsi « une réduction de la fonction de liquidité (unité de compte et réserve de valeur) de la monnaie ». À cet égard, l'exemple donné par Harris Dellas et George Tavlas (2009) permet de mieux comprendre l'idée : « Suppose that an economy experiences a negative terms – of- trade shoc so that its nominal exchange rate depreciates. If the authorities of the economy in question aim to stabilize the general price level, the depreciation of the exchange rate and the resulting rise in the price of tradable goods require contraction in domestic demand to push down the price of non-tradable goods. Other things being equal, the more open an economy, the larger share of tradable goods in output, the larger the required contraction"

McKinnon (1963) pense aussi que les fluctuations du taux de change, dans une économie relativement ouverte, provoquent les mêmes variations de coûts et empêchent, du coup, le taux de change de jouer efficacement son rôle correctif.

McKinnon tire trois conclusions de toutes ces analyses :

- les pays relativement ouverts doivent adopter un taux de change fixe ;

- il est bénéfique, pour une économie qui commerce, de façon extensive, avec une autre économie, de former une zone monétaire avec cette dernière, pour se protéger contre les effets négatifs de variation des taux de change ;

- les grandes ou petites zones géographiques ont tendance à être relativement ouvertes ou fermées de sorte que la taille de la zone peut être un facteur déterminant de leur régime de taux de change.

1.4. La diversification de la production et l'intégration fiscale

Peter Kenen (1969), lui, propose un autre critère, la diversification du tissu productif des pays candidats pour la création d'une zone monétaire optimale, dans la mesure où il n'existe pas de mobilité parfaite de la force de travail. Or, plus une économie est diversifiée, moins elle court le risque d'être affectée par un choc quelconque. Une économie bien diversifiée implique aussi l'existence d'un secteur d'exportation diversifié. En cas de chocs non corrélés dans l'économie, avec des effets positifs sur un secteur d'exportation et des effets négatifs sur un autre secteur d'exportation, il en résulterait une annulation des effets sur l'ensemble des exportations. En conséquence, les économies diversifiées peuvent se passer du taux de change et créer une zone monétaire optimale, la diversification permettant une plus grande dilution des effets de tout choc.

Reprenant l'idée de Mundell que les pays susceptibles de subir des chocs asymétriques devraient faire flotter leur monnaie, Kenen (1969) explique qu'en situation de mobilité du facteur travail, deux pays ayant des structures de production similaires, sont de bien meilleurs candidats à la formation d'une zone monétaire optimale dans la mesure où les chocs, en termes de détérioration des termes de l'échange, sont susceptibles de les impacter de façon symétrique.

Enfin, pour Kenen (1969), l'intégration fiscale devra être également un critère d'optimalité pour la formation de zone monétaire ; en effet, « une forte intégration fiscale permet d'amoindrir l'impact des chocs asymétriques grâce aux transferts fiscaux de la région de faible taux de chômage à la région à chômage élevé ».

1.5. L'endogenéité et l'exogenéité

Les critères ex-ante à remplir pour la réalisation de toute intégration monétaire jusqu'ici exposés, ne semblent pas tout à fait fondés, même s'ils sont rationnels. Les expériences de l'Union européenne et de la zone du franc CFA ne peuvent être justifiées ou légitimées uniquement sur la base de la réalisation effective et antérieure des critères identifiés par la théorie traditionnelle de la zone monétaire optimale. En effet, est-il rationnellement acceptable de renoncer à former des zones monétaires optimales parce que les critères préconisés ex-ante par la théorie traditionnelle ne sont pas préalablement respectés ou n'existent pas ou ne peuvent être réalisés à court, moyen et long termes ?

Si l'on considère que les zones monétaires permettent d'apporter plus de bien-être à la collectivité, alors l'aspiration légitime des peuples au progrès économique et social commande de créer les conditions nécessaires à leur réalisation, donc, des conditions ex-post. À cet égard, il est apparu, dans les années 1990, la nouvelle théorie de la zone monétaire optimale (endogène), avec Frankel and Rose (1998,2000,) et Corsetti et Pesenti (2002)) ; elle introduit des critères endogènes basés sur l'idée que « l'union monétaire produit d'elle-même les conditions de son optimalisation ». Rationnellement, on peut relever, à la limite, que l'économie et les critères de la théorie traditionnelle évoluant dans le temps, ces critères peuvent être considérés comme endogènes si on les apprécie ex-post. Contrairement à la première théorie, le nouveau concept, formulé par Frankel et Rose (1998, 2000, 2002) et Corsetti et Pesenti(2000) met « l'accent sur les changements dans les structures et performances économiques qui résulteraient de la participation à une union monétaire : c'est l'endogenéité. Le concept trouve ses origines dans deux explications » :

- l'unification monétaire qui, par l'élimination des frontières, stimule le développement du commerce au sein de l'union (McCallum, 1995, Engel et Rogers, 2004) et élimine les risques de change (donc le coût de couverture à terme) grâce à la monnaie unique, réduit les coûts des informations, accroit la transparence des prix par la réduction de la segmentation du marché et la stimulation de la compétition (Skudenly, 2003). Dans cette logique, De Grauwe et Mongelli (2005) soutiennent qu'autant que le taux de change fixe entre différentes monnaies, la monnaie commune permet de promouvoir le commerce réciproque, l'intégration économique et financière et l'accumulation de connaissances ;

- le lien positif entre la corrélation des revenus et l'intégration commerciale (Frankel et Rose, 1998,2002) qui, elle-même, conduit à un niveau plus élevé de corrélation de cycle économique de production à cause des chocs communs sur la demande et un plus grand commerce intra-industriel ; Ceci réduit le besoin de politiques monétaires spécifiques à chaque pays et le coûts d'opportunité lié à l'abandon d'une politique monétaire élaborée individuellement au niveau national. En stimulant les échanges, l'union monétaire contribue à la synchronisation des cycles.

La théorie de la zone monétaire optimale endogène conclut donc que la participation à une union monétaire réduit d'elle-même l'incidence des chocs asymétriques parmi les membres.

1.6. Les critères d'intégration commerciale et financière

Selon Frankel et Rose (1998), l'union monétaire, favorise l'intégration commerciale, donc l'ouverture entre ses membres et réduit également les risques de chocs asymétriques. Fontagné et freudenberg (1999), dans le droit fil de Kenen (1969), assurent que l'intégration économique des pays industriels génère la spécialisation intra-branche, un critère favorable à l'union monétaire.

Pour d'autres économistes dont Krugman (1991), l'intégration économique, financière et monétaire permet aux pays - membres de tirer davantage partie de leurs avantages comparatifs, de leurs dotations de facteurs, donc de diversifier leur production, à travers un processus de spécialisation, à l'intérieur de la même zone monétaire. Mais, l'usage d'une monnaie unique devient plus difficile à cause de la différenciation grandissante des cycles, car, chaque pays peut réagir différemment aux évolutions spécifiques du secteur de production dans lequel il se spécialise.

II. LES CRITÈRES INTRODUITS PAR LA NOUVELLE THÉORIE

Mundell (1961), McKinnon (1963) et Kenen (1969) sont les auteurs principaux de la théorie traditionnelle de la zone monétaire optimale, dans sa première formulation ; mais, d'autres économistes ont contribué au développement de cette théorie économique. Il s'agit, notamment, de Fleming (1971), Corden(1972), Ishiyama (1975), Tower et Willer (1976), Kydland et Prescott(1977), Cooper (1977), Barro et Gordon (1983), Bruno et Sachs (1985), Kendleberger (1986), Calmfors et Driffill (1988) ,Giavazzi et Giovannini (1989), Fratianni et Von hagen(1990), Mélitz (1991), Krugman (1991), Tavlas (1993), McCallum (1995), Buiter (1995), Edward(1996), Collins (1996), Bayoumi et Eichengreen (1996), Asdrubali, Sorensen et Yosha (1996), Frankel et Rose (1997 , 2002), Fontagné et Freudenberg (1999), Buti et Suardy,(2000), Hughes et Rummel (2000), Berger, Jensen et Schielderup (2001), Cortesi et Pesenti (2002), Berger, Calvo et Reinhart (2002), Alessina , Barro et Tenreyero (2002), Skudenly (2003), Engel et Rogers (2004), De Grauwe et Mongelli (2005), Chevenot et Duwiquet(2011) etc. Ce développement que De Grauwe (1992) a appelé « la nouvelle théorie de la zone monétaire optimale » met davantage l'accent sur les bénéfices (avantages) plutôt que sur les coûts ; cette nouvelle théorie inclut d'autres les critères tels que :

- la similarité des taux d'inflation ;
- l'efficacité de la politique monétaire ;
- la crédibilité de la politique monétaire ;
- l'homogénéité des préférences ;

- la synchronisation des cycles économiques ;
- la corrélation et la variation des chocs ;
- le caractère des chocs ;
- l'intégration économique ;
- l'efficacité des ajustements de taux de change ;
- les institutions régissant le marché du travail ;
- les facteurs politiques.

Fleming (1971) explique que la similarité des taux d'inflation, sur une certaine période, entre des pays, conduit à des conditions d'échanges stables, ce qui réduit les besoins d'ajustements du taux de change. Par contre, des taux d'inflation différents entrainent des niveaux de pouvoir d'achat divergents, impliquant un recours à la modification du taux de change pour résorber les différences de niveaux.

Pour Corden (1972), dans la formation de la zone monétaire, la perte du contrôle direct de la politique monétaire et du taux de change, est plus importante si l'on considère que la politique monétaire est efficace, du moins dans le court terme. Ceci implique que, face à un choc négatif de demande, le pays ne peut utiliser la politique monétaire et de change pour provoquer l'ajustement des prix et des salaires relatifs, de sorte que l'ajustement ne se fera que par une augmentation du chômage et une réduction des prix et des salaires nominaux ou à travers une politique fiscale restrictive. Par conséquent, Corden (1989) considère « la flexibilité du salaire et des prix comme le plus important critère pour la formation d'une zone monétaire optimale puisque les prix et les salaires, en plus, réagissent plus rapidement aux chocs asymétriques ». Alors, il relève que si des pays ont des préférences différentes, en matière de taux d'inflation, la formation d'une zone monétaire peut être coûteuse.

Ishiyama (1975) considère les différentiels de taux d'inflation et les variations de salaire comme des facteurs (critères) d'intégration monétaire de pays ayant des préférences sociales différentes.

Mais, pour Gandolfo (1992), la similarité des taux d'inflation ne peut être une précondition pour rejoindre une zone monétaire optimale parce qu'elle en résulterait plutôt. En effet, en situation inflationniste, il pense que les autorités monétaires ont besoin de jouir d'un minimum de crédibilité, en matière de politique de bas taux d'inflation, auprès des agents économiques, pour les convaincre qu'elles ne tricheront pas, en termes de décisions monétaires discrétionnaires. Le pays a le choix entre adopter un régime de taux de change fixe totalement crédible ou s'intégrer à une union monétaire pour éliminer le biais inflationniste. Si le pays tente une désinflation, alors, rejoindre une zone monétaire avec un bas taux d'inflation ne posera aucun problème, en termes de différence de préférence de politique de taux d'inflation, dans la mesure où le pays et l'union monétaire partageront le même objectif de bas taux d'inflation.

Cooper (1977) et Kindleberger (1986) ont introduit le critère de préférences homogènes dans l'analyse de la zone monétaire optimale qu'ils qualifient comme un bien collectif qui requiert, pour bien fonctionner, « que les objectifs de politique économique des États - membres soient convergents, surtout en matière d'inflation, de chômage et de politique sociale ».

L'homogénéité des préférences permet donc, aux pays membres d'une union monétaire, de s'accorder globalement sur la hiérarchisation des objectifs de politique économique, et particulièrement, sur une interprétation commune de l'arbitrage entre inflation et chômage (cf. courbe de Phillips).

La synchronisation du cycle économique est également considérée par d'autres économistes comme un facteur important de création de la zone monétaire. Lorsque les cycles économiques des pays sont synchronisés, le coût engendré par l'abandon de leurs propres politiques monétaires est minimisé. Pour Frankel et Rose (1997), « la synchronisation est un élément important, dans la recherche de l'endogénéité des déterminants de la zone monétaire optimale, de l'intensité du commerce bilatérale et de la corrélation des cycles économiques, de l'impact de l'intégration monétaire comme facteur (ou cadre) d'observation de discipline (Buti et Suardy, 2000) et de l'hypothèse de spécialisation (Krugman,1993) ».

Selon Edward (1986) et Collins (1986), les facteurs politiques déterminent également la formation d'une zone monétaire optimale. Il en est ainsi de l'instabilité ou de la stabilité politiques et de la politique inflationniste ou anti-inflationniste des États. Par exemple, en matière de politique monétaire, les gouvernements ont tendance à tricher vis-à-vis des agents économiques, en prenant le contrepied de la décision annoncée antérieurement, pour accroitre l'inflation dans le but de réduire le taux de chômage. Pour cette raison, « ils ont tendance à vouloir se lier les mains par l'adoption permanente d'un régime de taux de change fixe » (Edward, 1996) dans la mesure où, comme l'indique Collins (1996), « l'ajustement de taux change en régime de change flexible est moins perceptible par les agents économiques, et donc, politiquement moins coûteuse pour les gouvernants, que la dévaluation en régime de change fixe qui est impopulaire et requiert des mesures tout aussi impopulaires ».

Berger, Jensen et Schjelderup (2001) eux, ont analysé la question de l'importance de la symétrie des chocs. Utilisant la parité du pouvoir d'achat et une période type du modèle de Kydland et Prescott ((1977) ou de Barro et Gordon (1983), ils font l'hypothèse que « les agents économiques du privé, dans un petit pays (au sens économique), déterminent leurs anticipations d'inflation tôt en la période, avant la survenance des chocs. Face aux chocs, les autorités orientent la politique monétaire pour contrer leurs effets néfastes ». Ces auteurs montrent comment le degré et la direction de la corrélation entre les chocs provenant du pays d'ancrage et des chocs internes, impactent l'économie domestique avant de tirer trois conclusions :

- les chocs corrélés négativement renforcent l'argumentation pour le régime de change fixe ;

- l'accroissement de l'écart-type (standard deviation) des chocs fragilise, de façon ambiguë, l'argumentation en faveur du régime de change fixe, si et seulement si la corrélation n'est pas négative ;

- les rigidités nominales deviennent plus fortes, après l'adoption d'un taux de change fixe.

À partir de ces trois conclusions, ils affirment que l'adoption du régime de taux de change fixe procure des gains par rapport au système de change flexible.

Quand « l'incidence des chocs d'offre et de demande et la rapidité d'ajustement à ces chocs (y compris les réactions politiques) sont similaires entre pays, la nécessité de politiques autonomes devient plus réduite », de sorte que les bénéfices nets de l'introduction d'une monnaie unique, dans le cadre de la zone monétaire, sont nettement plus élevés. À cet égard, Bayoumi et Eichengreen (1996) relèvent une corrélation positive dans l'Union européenne, entre l'Autriche, l'Allemagne, le Danemark, la France, les pays du Benelux et la Suisse alors que Hughes et Rummel (2000) mettent en exergue la symétrie des chocs dans toute l'Union européenne. Il faut, toutefois, noter que les résultats des études sur la symétrie des chocs sont « ambigus et souvent contradictoires ».

Dans son modèle relatif à la formation d'une zone monétaire optimale, Buiter (2005) distingue le caractère des chocs qui affectent l'économie. Pour lui, si en matière d'ajustement par rapport aux chocs réels, la flexibilité du taux de change nominale a un impact significatif, il n'en est pas de même en matière de chocs financiers. En cas de prééminence de chocs monétaires, le taux de change fixe apporte plus de stabilité ; quand les chocs sont principalement de nature réelle ou externe, le régime de change flexible est préférable.

Selon Fontagné et Freudenberg (1999), l'intégration économique des pays développés provoque principalement la spécialisation intra-branche, ce qui est un facteur favorable à la formation de zone monétaire, même si l'on peut observer que « le commerce intra-branche ne suffit toujours pas à garantir une synchronisation des cycles économiques ou des préférences » , dans la mesure où il peut conduire au « développement de l'intra-branche de qualité différente ayant les mêmes caractéristiques de spécialisation appauvrissante et de désynchronisation que le commerce interbranche ».

Frankel (1999) a mentionné des critères additionnels qu'un pays doit prendre en compte pour son intégration dans une union monétaire ; ce sont :

- le besoin de stabilité d'importations (pour cause, soit d'hyperinflation, soit d'absence d'institutions publics crédibles, soit de large degré de risque d'exposition à des investisseurs internationaux véreux ou agressifs) ;

- le désir pour davantage d'intégration avec le pays voisin ou le partenaire commercial ;

- la large utilisation de la devise étrangère (potentiellement commune) dans l'économie du pays ou des futurs pays à intégrer au sein de l'union monétaire ;

- l'accès à un niveau adéquat de réserves ;

- l'existence et le respect de la règle de droit ;

- l'existence d'un système financier stable, performant, bien supervisé et bien régulé.

Mongelli (2002), lui, s'interroge sur l'efficacité réelle des ajustements de taux de change. S'ils ne sont pas efficaces, alors le coût de la perte du taux de change comme mécanisme d'ajustement devient insignifiant. Dans cet ordre d'idée, deux points de vue s'opposent : celle qui préconise que la variation du taux de change nominal provoque des ajustements de la balance externe et celle qui soutient le contraire.

III.L'EFFICACITÉ DES POLITIQUES MONÉTAIRE, FISCALE ET BUDGÉTAIRE

Mongelli (2002) a soulevé la question, très importante à nos yeux, de l'efficacité de l'ajustement du taux de change, comme facteur déterminant de la zone monétaire optimale, en termes d'effet, sur la balance externe. Dans cette optique, la politique économique serait destinée à rétablir l'équilibre externe, laissant de côté l'aspect interne de l'équilibre et les autres instruments de politique monétaire.

Pour ma part, j'ai introduit l'efficacité de la politique monétaire, dans son entièreté, à travers la variation du stock de monnaie, c'est - à - dire la masse monétaire sous sa forme de M_1 (et non M_2), comme facteur déterminant de la zone monétaire optimale (cf. Djelhi Yahot,2019).

Mais, j'ai élargi aussi cet effet à l'efficacité des politiques fiscale et budgétaire dans l'ajustement entre les économies des pays membres d'une union monétaire. Ainsi, le degré d'efficacité des politiques monétaire (à travers la variation de M_1), fiscale (la détermination du niveau d'imposition T) et budgétaire (l'exécution de G) serait également un facteur important pour la formation d'une zone monétaire optimale. Or, la politique monétaire cible les objectifs à court termes (taux d'inflation bas et stable) quand la politique budgétaire est destinée à la réalisation des objectifs à moyen et long termes. J'en ai conclu que l'utilisation simultanée et coordonnée de ces trois politiques économiques, à leur niveau d'optimalité, renforce leur impact sur leur degré d'efficacité en termes de résultats dans l'économie. Dans ces conditions, je parle « de la triple efficacité de la politique économique comme facteur déterminant de la zone monétaire » (cf., *Zones monétaires et développement économique en Afrique*, de Djelhi Yahot,2019).

Or, l'impact sur le degré de cette triple efficacité peut être mis en équation, à travers ce que j'ai a appelé « l'équation de la bonne gouvernance économique (Djelhi-Yahot, 2017) formulée de façon suivante :

$$f(B_g) = f(M, T, G)$$

Avec M = masse monétaire

T = taux d'imposition

G = dépense publique

La combinaison de M, T et G, à leur niveau optimal respectif, impacte significativement le degré d'efficacité de la politique économique dans l'économie d'un pays ou d'une zone monétaire ; Plus que l'équilibre, elle permet de réaliser l'optimalité de la production(PIB). Or, la production optimale conduit à la réalisation de bénéfices nets optimaux lorsque l'on raisonne en termes de coûts/bénéfices, grâce aux performances économiques optimales d'un pays ou d'une l'union monétaire.

La règle de John Taylor, plus consistante que les différentes théories de l'approche monétaire de la balance des paiements, parce qu'intégrant davantage d'agrégats et indicateurs économiques (taux de croissance, PIB, écart de l'output, indice des prix, taux d'intérêt, taux directeur de la banque centrale), traduit bien la politique monétaire optimale.

La courbe de Laffer donnera le taux d'imposition optimal quand l'exécution optimale des dépenses publiques sera assurée par des contrôleurs compétents et indépendants, sans comportement bureaucratique. Ceci aura une incidence plus prononcée sur les transferts de fonds qui réduisent les écarts de chômage entre les pays membres de l'union monétaire touchés par un choc asymétrique et les autres États- membres.

En conséquence, la maximisation de l'équation de la gouvernance économique (ce qui conduira à la bonne gouvernance économique) impactera positivement l'efficacité des politiques monétaire, fiscale et budgétaire. Mathématiquement (cf. démonstration mathématique en annexe) graphiquement (ci-après), il s'agit de :

$$\text{Max } f(B_g) = f(M, T, G),$$

avec

$$f(B_g) = 0 \quad \text{et} \quad f''(B_g) < 0$$

On en conclut que la bonne gouvernance économique qui est la collecte et l'allocation optimales des ressources publiques, à des fins de développement économique, impacte significativement l'efficacité de la politique économique qui, elle-même, est un facteur déterminant de la zone monétaire.

Toutefois, il va falloir déterminer un mécanisme de coordination entre les différentes autorités pour la maximisation de la fonction $f(B_g)$, c'est-à-dire la réalisation de la bonne gouvernance avec ou sans indépendance de la banque centrale.

En situation d'indépendance de la banque centrale, une collaboration (coopération) entre les autorités monétaires et les autorités gouvernementales, devra permettre d'obtenir l'interaction optimale entre politique monétaire (M) et politique budgétaire (T et G) par la détermination du niveau optimal des différentes variables.

Si la banque centrale n'est pas indépendante du pouvoir politique, alors des prises de décisions rationnelles, au niveau de l'État (gouvernement et autorité monétaire) permettront la coordination des politiques monétaire et budgétaire optimales.

La coordination n'est pas nécessaire si la loi institue la détermination économétrique du niveau optimal des variables cibles (M, T et G) de sorte à provoquer systématiquement la maximisation de la fonction de la bonne gouvernance économique.

Graphique n° 1

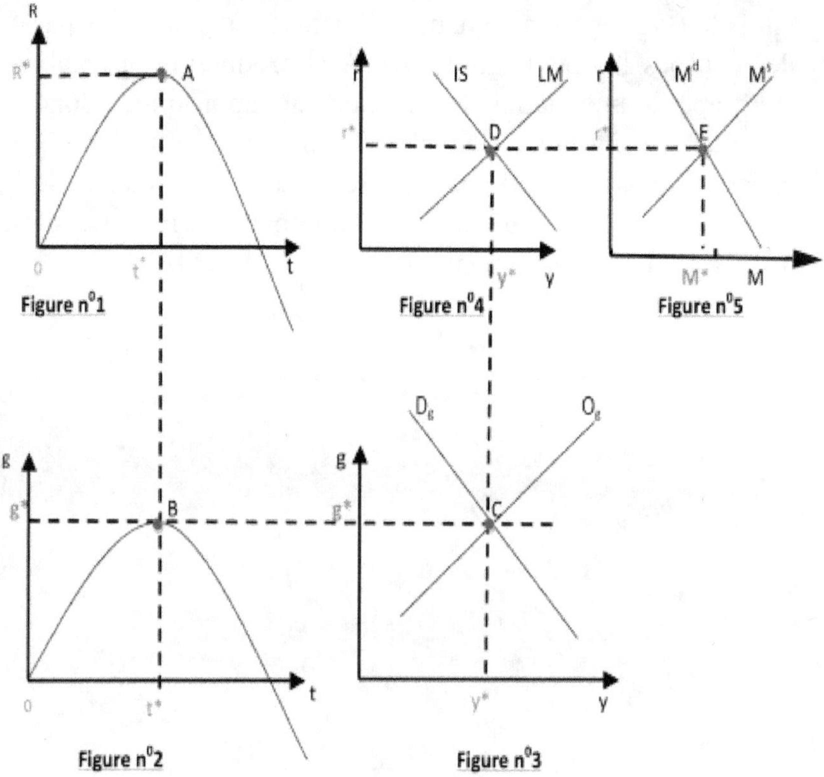

Le diagramme de la bonne gouvernance économique, ci-dessus, peut être expliqué comme suit : la détermination et l'application d'un taux d'imposition optimal t * permettent de collecter un revenu fiscal optimal R* (figure n°1) et engendrent un taux de croissance économique optimal g* (figure 2) selon Barro. Ce taux de croissance, à son tour, permet d'acquérir une production totale optimale Y* qui se situe elle-même au niveau où l'offre globale (Og) et la demande globale (Dg) des biens se rencontrent au point d'équilibre C. Ce point C représente, en même temps, l'optimum et correspond au point d'équilibre D de l'offre globale (Og) et de la demande globale (Dg), déterminé par les courbes IS-LM (figure n°4). À la production optimale Y* répond une demande de monnaie appropriée, donc optimale Md* avec laquelle l'offre de monnaie Ms s'équilibre au point E où elle rencontre la demande de monnaie(Md), au taux d'intérêt optimal r* (figure n°5) préalablement déterminé par les courbes IS-LM.

CHAPITRE TROISIÈME
LES DIFFÉRENTES PROPOSITIONS DE RÉFORME DU SYSTÈME MONÉTAIRE INTERNATIONAL

Depuis les problèmes de surliquidité en dollars dans les années 1960 que la création des DTS (1969) n'a pas permis de résoudre, à la coordination de politique monétaire (Liu Zheng and Papa Evi, 2005 ; Bordo et Schenk, 2016) en passant par la déclaration de l'inconvertibilité du dollar par le président Nixon en 1971, puis les accords de Kingston (1976) officialisant le taux de change flottant, les dévaluations répétitives, et les désalignements des différentes devises internationales, dans les années 1980, le système international instauré à Bretton Woods (1944) faisait face à des difficultés et était sujet à débats. Alors, des économistes vont faire des propositions de réformes qui sont restées, malheureusement, lettres mortes. Mais, logiquement, le débat continue. Et dans cette perspective, nous proposerons, au chapitre suivant, la création d'une zone monétaire à l'échelle mondiale. Mais, auparavant, passons en revues quelques-unes des propositions phares.

il s'agit, précisément, des notions de blocs économiques à l'échelle mondiale, introduites par McKinnon (1982, 1988), de zone - cible de Williamson et miller (1983,1985, 1987), de zone - cible élargie d' Edision(1987) reprises par Boughton (1989) et de celle de la coordination des politiques monétaires entre banques centrales qui a fait l'objet d'analyses de la part de Persson et Tabellini (1995, 2000), Maurice Obsfeld et Kenneth Rogoff (2002), John Taylor (2007), Zheng Liu et Evi Papa (2005, 2007), Kapur and Mohan (2014) etc.

I. LA ZONE – CIBLE DE WILLIAMSON ET LA VERSION WILLIAMSON-MILLER

En assumant que les pays accepteraient une concertation étroite en cas de déséquilibres graves ou de changement de politique monétaire, Williamson (1983) a proposé la théorie de la zone-cible ; puis, Williamson et Miller (1987) ont repris, avec additifs, la théorie de la zone-cible basée sur le principe de la détermination d'une fourchette de variation convenable des taux de change.

Face aux importants désalignements, c'est-à-dire les amples et persistantes déviations par rapport à leur taux de change d'équilibre à long terme, provoqués par le flottement des monnaies(le dollar ayant enregistré 10% et 37 % respectivement en 1983 et 1984 en termes de taux réel pondéré), Williamson a préconisé « le taux de change d'équilibre fondamental ; c'est le taux de change susceptible de générer au cours du cycle, un excédent ou un déficit du compte courant, égal aux flux des capitaux sous-jacents correspondant au meilleur niveau d'équilibre interne que peut obtenir le pays, en absence de restrictions commerciales pour raison de balance des paiements ». Il s'agit donc, pour lui, de déterminer, dans un premier temps, un taux réel d'équilibre pour maintenir la production économique au niveau le plus élevé possible, puis d'en déduire les taux nominaux bilatéraux d'équilibre. Pour ce faire, trois étapes sont nécessaires :

- d'abord, déterminer le taux de change effectif réel d'une période de base, c'est-à-dire un taux qui pourrait permettre d'obtenir un ensemble de balances des paiements égalisant les flux des capitaux fondamentaux « sous-jacents ». « Pour une période déterminée, on définit les objectifs en matière de transactions courantes qui tiennent compte, pour chaque pays, du niveau d'activité intérieur désiré et des changements structurels majeurs. De la prise en compte de ces éléments et, en particulier, de l'écart estimé entre l'investissement et les ressources d'épargne domestiques, découlent le niveau d'équilibre fondamental de la balance des paiements, et donc des flux de capitaux sous-jacents, estimés compatibles avec les objectifs précédents » (Henri Bourguinat, 1992) ;

- ensuite, calculer les variations des taux de change effectif réel nécessaire par rapport aux taux constatés pour acquérir les objectifs de compte courant, et les flux de capitaux fondamentaux justifiés. Ceci donne l'équation suivante :

$$TCEF = g$$

où g représente le compte courant de la balance des paiements, la pression relative de la demande et les changements structurels ;

- enfin, passer du taux de change d'équilibre fondamental (TCEF) de l'année de base à celui de l'année horizon (en utilisant toujours le « multilateral Exchange Rate model » du MFI), et calculer, à partir des changements intervenus au niveau du TCEF (phénomènes naturels, progrès technologiques etc.), les soldes fondamentaux justifiés des paiements courants, les capitaux sous-jacents correspondants.

Ces taux d'équilibre réels effectifs seraient la base de calcul des cours (bilatéraux) fondamentaux d'équilibre devant constituer le centre des marges plus ou moins larges (10 à 20%) à l'intérieur desquelles évolueraient les parités bilatérales.

La nouvelle proposition faite par Williamson et miller (1987), ajoute à la proposition précédente deux éléments :

- prendre appui sur « les ajustements compensateurs de la politique budgétaire » pour atteindre l'objectif de revenu nominal ;

- admettre le principe de taux de change flexible à l'intérieur des bandes de fluctuation qui doivent être des zones à bornes souples, susceptibles d'être franchies en cas de chocs importants (c'est le système de crawling peg).

Se basant sur la version Williamson-Miller, Dornbusch et Frankel (1988) ont déterminé, à l'aide d'un diagramme, une variation mensuelle moyenne de 5 à 10% du cours du yen par rapport au dollar américain, respectivement en 1985 et 1987.

II.LA PROPOSITION DE MCKINNON

Dans le débat sur la réforme du système monétaire international, McKinnon (1988) a formulé, pour l'économie mondiale, un plan de réforme basé sur trois blocs économiques :

- le bloc Amérique du Nord, comprenant les pays nord-américains, avec le dollar comme devise commune ;

- le bloc Asie, constitué de tous les pays de l'Asie, avec pour monnaie commune, le yen japonais ;

- le bloc Europe, avec le mark allemand, comme monnaie commune (à remplacer de nos jours par l'euro, en cas d'application de la proposition).

Alors, McKinnon propose une parité fixe entre les différentes monnaies des trois blocs qui forment chacune

une zone monétaire. La parité fixe entre les monnaies des trois blocs éliminerait la volatilité des taux de change, accroitrait le commerce des biens et services et rendrait les flux financiers plus efficients étant entendu que les trois blocs entretiendraient une coopération en matière de politique monétaire. Et McKinnon soutient qu'à le long terme, une telle proposition permet de réaliser la parité du pouvoir d'achat, puisque le prix des biens échangés internationalement serait le même dans les trois blocs de pays. Les banques centrales des trois blocs surveilleraient l'évolution « du prix international commun » ; elles modifieraient les agrégats monétaires pour assurer l'alignement du niveau de prix obtenu. Dans cette optique, McKinnon préconise un indice de prix international pour les trois banques centrales.

Mais, McKinnon reconnait qu'à court terme, la parité du pouvoir d'achat est difficilement réalisable ; alors, il propose la coordination de politique monétaire, entre les trois blocs, pour permettre la variation des monnaies dans une petite fourchette qui serait respectée par tous.

À force de vouloir éliminer, à tout prix, la volatilité des taux de change, McKinnon élimine la flexibilité des taux de change. Or, dans certains cas de graves perturbations (larges déficits budgétaires), « la flexibilité du taux de change est nécessaire pour restaurer l'équilibre ». Mais, McKinnon, lui, soutient que les variations du taux de change réel n'ont aucun effet sur le déficit du compte courant dans la mesure où le déficit est occasionné par le déficit budgétaire de l'État.

McKinnon (1982), se situant dans sa propre vision de la détermination du taux de change par le principe de substitution de devises, met l'accent sur la volatilité du taux de change comme résultant des perturbations de la demande de monnaie (M_1) qui peuvent alors être résorbées par l'intervention de la banque centrale. Or, dans le système de dérégulation généralisé depuis les Accords de Kingston(Jamaïque) de 1976 instituant le système de taux de change flottant, « la banque centrale a du mal à estimer une fonction de demande de monnaie stable » ; de plus, toutes les variations de taux de change ne sont pas uniquement causées par des variations monétaires. Elles peuvent résulter de substitutions entre bons, des capitaux spéculatifs ou d'autres chocs.

Krugman (1989), tout en soutenant la thèse de McKinnon, a proposé de réduire la volatilité des taux de change pour qu'ils « puissent remplir leurs fonctions sociales ».

III. LE « EXTENTED TARGET ZONE »

À partir du système de taux de change fixe ajustable (crawling peg) de Williamson (1983), Edison et al. (1987), ont proposé une solution différente de celle de McKinnon, appelée « Extended Target Zone proposal ou proposition de Zone - Cible élargie ». Ils reconnaissent les coûts sociaux excessifs de la volatilité des taux de change et proposent 'une dose de flexibilité du taux de change qui est désirable. L'établissement de la Zone- Cible élargie implique, à cet effet, un ensemble de règles de politique de coordination devant être respectées par le groupe des sept (07) pays les plus industrialisés du monde.

Dans cette optique, l'équation, ci-après, est proposée :

$$y = g + \Upsilon P_{t-1} + \phi d, \quad \text{avec } 0 < \Upsilon < 1 \quad \text{et} \quad \phi > 0$$

y est le taux de croissance endogène cible du revenu nominal

g est le taux de croissance potentiel

P_{t-1} est le taux d'inflation

d est le gap déflationniste

Chaque pays doit déterminer un taux de croissance cible et un taux de change effectif réel qui assure l'équilibre interne et externe à moyen terme : d'où la désignation de Zone- Cible élargie. Ces deux cibles par pays, dont l'agrégation, du point de vue prospectif (et statistiquement), consiste en 2n-1 cibles, doivent être réalisées par l'assignation de trois règles qui devront satisfaire les 2n-1 cibles :

- premièrement, la politique fiscale interne (dans l'optique keynésienne) doit être utilisée pour atteindre une croissance cible du revenu ;

- deuxièmement, les différentiels de taux d'intérêts entre pays doivent être utilisés pour empêcher les taux de change de varier de plus de 10% par rapport à leurs niveaux cibles ;

- troisièmement, le niveau absolu moyen du taux d'intérêt mondial devra être révisé, à la hausse ou à la baisse, en fonction de la variation de la croissance mondiale par rapport au niveau - cible commun. Ainsi, la politique monétaire internationale devra être modifiée en réaction aux besoins des pays impliqués.

Edison et al (1987) et d'autres économistes, adeptes de la théorie de la Zone - Cible élargie pensent que cette théorie est plus consistante, par rapport à celle de McKinnon. Néanmoins, elle a été, à son tour, critiquée (Boughton, 1987,1989) d'abord, pour la simple raison que le taux de change réel peut être différent du taux - cible externe optimal. En effet, la relation entre le taux de change réel et la balance courante demeurant ambiguë en cas d'importants déséquilibres publics et privés dans l'économie domestique, il serait plus approprié de cibler directement le compte courant et d'utiliser la combinaison de politiques économiques appropriées pour atteindre la cible ; ensuite, une seconde critique a trait à l'instrument approprié de politique économique pour obtenir l'équilibre externe. De ce point de vue, l'assignation de la politique fiscale aux objectifs internes et de la politique monétaire aux objectifs externes semble plus efficace. En effet, Bryant et al (1988) argumentent que la politique monétaire a peu d'impact sur le compte courant, même à long terme. De même, les contraintes politiques et institutionnelles, dans certains pays, peuvent rendre difficile l'usage de la politique fiscale à des fins de gestion de la demande de monnaie. En conséquence, Boughton (1987) recommande fortement l'usage de la politique monétaire.

IV.LA PROPOSITION DE KRUGMAN.

Krugman (1989), lui, considère trop étroite la marge de variation de 10 %. Et il explique que l'étroitesse de la marge de variation sera cruciale au moment où la crédibilité du système est en jeu. Si les agents économiques intervenant sur le marché pensent que la Zone - Cible élargie est crédible, ils vont, à quelque chose près, fixer le taux. En effet, si le taux est proche de la borne supérieure de la marge, les agents économiques vont croire que le taux aura tendance à baisser qu'à augmenter, et vice versa quand le taux se trouve à la borne inférieure de la marge de variation de 10%. Ceci suppose que « les taux de change seraient trop fortement stabilisés et manqueraient de remplir les fonctions socialement désirables ».

À l'inverse, une perte de crédibilité de la Zone - Cible élargie poussera rapidement le taux de change au-dessus de la borne de la marge de variation.

Krugman (1989) en conclut que la Zone -Cible élargie produit la tentation de soutenir le mauvais taux de change et le risque d'attaques spéculatives contre la cible, comparativement au taux de change non soutenu. Il préconise alors le retour au système de taux de change fixe, mais ajustable.

Currie et Wren-Lewis (1989) ont évalué, dans leurs modèles économétriques, les performances - dans les trois blocs de pays proposés par McKinnon - de la Zone - Cible élargie d'Edison et al(1987) et de l'alternative présentée par Boughton (1989), sur la période 1975 -1986 ; les résultats ont révélé de bien meilleures performances économiques de la Zone - Cible élargie qui trouvent leurs explications, selon eux, dans l'avantage comparatif de la politique fiscale par rapport à la politique monétaire, en matière de contrôle de la demande globale interne.

V. LA TAXE DE TOBIN

Auparavant, James Tobin(1978), lui, n'a pas proposé de réformer le système monétaire international ; mais, il a préconisé d'agir sur le volume de flux financiers sur le marché financier international, pour réduire le flux des capitaux à court termes qui sont spéculatifs .Dans cette optique, il propose « d'établir une taxe sur les opérations de change de manière à freiner les mouvements de substitution des monnaies , et par là même, les déplacements des capitaux les plus intempestifs et de nature déstabilisatrice », c'est-à-dire les capitaux à court terme qui sont spéculatifs. « L'effet escompté serait de pénaliser les opérations les plus courtes en ouvrant les différentiels d'intérêt qu'elles exigeraient pour être rentables ; à l'inverse, les opérations les plus longues seraient traitées de façon plus avantageuse » (cf. démonstration mathématique en annexe). Henri Bourguinat (1989) pense que l'application d'une telle taxe aurait rapporté 100 milliards de dollars américains en 1987 ;

Dans les différentes propositions de réformes du système monétaire international énoncées, les espaces économiques ou les zones monétaires existant en Afrique et les pays africains ne sont véritablement pas impliqués au niveau des prises de décision. Mais, l'Afrique, même ignorée, n'échappera pas aux externalités négatives ou positives en cas de mise en application de ces réformes. Elle doit pouvoir s'organiser pour se prémunir contre les externalités négatives (cf. Zones monétaires et développement économique en Afrique, de Djelhi Yahot, éditons l'Harmattan, octobre 2019, Paris).

VI. LA COORDINATION ET LA COOPÉRATION MONÉTAIRES

L'impact, sur les économies nationales, de la coopération et de la coordination de politiques monétaires entre banques centrales, a fait l'objet de débat chez les économistes. Mais, qu'entend – t - on par coopération et coordination monétaires ? Selon Bordo et Schenk (2016), la coopération, « c'est le partage d'informations et de techniques de banque centrale, la discussion sur les problèmes communs et les prêts occasionnels ad hoc d'urgence, en période de crises financières, entre banques centrales. La coordination, elle, traduit les actions de politique convenues formellement et entreprises par des groupes de décideurs de politique monétaire (incluant les ministres de Finances et les banquiers centraux) en vue d'obtenir des résultats bénéfiques pour le système économique international tout entier ». Mais, de telles actions « peuvent être en contradiction avec des objectifs de politique nationale ».

Les expériences pratiques, formelles ou non, de coopération et de coordination de politique monétaire internationale, ont connu des fortunes diverses depuis les années 1880.

Le système d'étalon-or classique de 1880 à 1914, a bien marché, parce qu'il était basé sur des règles dont la principale, pour chaque autorité monétaire, consistait à maintenir la convertibilité de sa monnaie-papier en termes d'or au prix nominal officiel ou de montant fixe d'onces d'or ; chaque pays membres y adhérait volontairement et observait donc les règles. Mais, pour Bordo (1984) le succès du système trouve son origine dans deux faits :

- il était géré par la Grande-Bretagne, dominatrice du commerce mondial et centre du système financier mondial de l'époque ;

- les opérations financières étaient saines parce que garanties par le gouvernement britannique » (Fergusson et Schularick, 2012).

Tullio et Walters (1996), eux, soutiennent que la coopération de la France et de l'Allemagne dans le fonctionnement du régime était également un facteur de stabilisation et de réussite.

À la fin de la Première guerre mondiale (1914-1918), les pays belligérants ayant financé la guerre par des impôts et taxes excessifs, des dettes et seigneuriages énormes, sont dévastés économiquement par des surendettements démesurés et des taux d'inflation élevés. Il était donc « difficile de retourner au système de parités d'avant-guerre ; la plupart des experts pensaient qu'il y avait nécessité absolue de coopération et de coordination pour restaurer le système d'étalon-or d'avant – guerre) » (Bordo et Schenk, 2016).

À la différence du système précédent, le système d'étalon-or d'entre-les –deux guerres (1924 -1936) maintenait, à la fois, devise étrangère et or comme réserves internationales. Les États - Unis et la Grande Bretagne étaient, tout naturellement, au centre de ce système monétaire international, mais peu de pays membres acceptaient de réaliser l'équilibre externe aux dépens des objectifs de politique nationale. En effet, au sortir de la terrible guerre, les questions de bien - être économique et social face à la pression croissante des travailleurs désormais bien organisés, étaient prioritaires ; ainsi, les pays préféraient mettre l'accent sur la production domestique, l'emploi et la stabilité des prix. À cet égard, Polanyi (1944) et Eichengreen (1992) « relèvent que les banques centrales commencèrent à se focaliser sur la stabilisation du cycle de production en soutien de l'expansion interne de cibles de politique économique pour l'emploi et la croissance économique ».

Mais, beaucoup de parités mal ajustées traduisaient la mauvaise évaluation des taux de change d'équilibre et les pressions politiques auxquelles s'ajoutait l'anticipation qu'une parité modifiée pourrait l'être encore et qu'une parité modifiée effritait la crédibilité de la monnaie (Eichengreen, 1992). Le mauvais fonctionnement du mécanisme d'ajustement était explicit avec la surévaluation de la livre sterling par rapport à l'or et la dévaluation de 80 % de la monnaie française en 1926. « La banque d'Angleterre ne pouvait que mener une politique monétaire restrictive pour protéger ses réserves d'or face aux déficits persistants de sa balances des paiements » ; en France, « le surplus continu de la balance des paiements, au lieu d'engendrer une augmentation de l'offre de monnaie et de l'inflation, était stérilisé de sorte que le pays absorbait une part de plus en plus importante des réserves d'or mondiales , de même que les États-Unis d'Amérique qui avaient aussi stérilisé leurs surplus(Irvin,2013) ». Eichengreen (2017) souligne qu'en plus de la mauvaise répartition de l'or, l'affaiblissement du système était causé par le manque de confiance dans la livre sterling comme monnaie de réserve et le mouvement des réserves de change en livre sterling vers le dollar américain.

Dans le cadre de la coopération monétaire clandestine organisée, à Long Island (New York) en 1927, entre la Banque de France, la Banque d'Angleterre, la Reichsbank et la Federal Reserve Bank de New York, par le gouverneur de cette dernière, pour protéger et soutenir la livre sterling, la FED de New York réduisit son taux d'escompte et procéda à l'expansion de ses opérations d'open-market, la Banque de France et la Reichsbank dévièrent leurs achats d'or de Londres à New York. La livre sterling était momentanément sauvée. Mais, le Gouverneur de la Federal Reserve Bank de New York fut, par la suite, accusé en 1931, d'avoir provoqué la Grande Dépression ; par conséquent, en 1933, le gouvernement fédéral américain avait donné mandat uniquement à la Federal Reserve Board, en matière de politique monétaire internationale (Bordo et Schenk, 2016).

« Mais, par la suite, le gouverneur de la Bank d'Angleterre (monsieur Norman) poussa fortement à l'institutionnalisation de la coopération en politique monétaire internationale » ; son action conduisit à la création de la Banque des Règlements Internationaux en 1930, pour promouvoir, entre autres, la coopération entre banques centrales (en termes d'échanges d'or, de dépôts et de lignes de crédits). Mais, en 1931, cette banque ne put secourir correctement le schilling autrichien et le mark allemand, par manque de ressources suffisantes et de soutien de la part de la France.

Néanmoins, avec le rôle majeur des banques centrales et la création de la Banque des Règlements Internationaux, le système d'étalon-or d'entre-les deux guerres avait permis de poser les fondements de la coopération entre banques centrales.

Temin (1989) et Eichengreen (1992) expliquent que le système de l'étalon-or, par sa contrainte d'or, est à l'origine de la Grande Dépression quand Bernanke (1995) trouve sa source dans l'échec du multiplicateur d'or de l'offre de monnaie internationale.

Milton Friedman et Schwartz (1963) et Meltzer (2003) indiquent, comme source de cette Dépression, la politique monétaire de la Federal Reserve Bank, car la chute dans l'offre de monnaie américaine était transmise, dans l'économie mondiale, à travers le taux de change fixe de l'étalon-or.

La tentative, en 1933, pour la coordination de politique monétaire, dans le but de stabiliser les taux de change et obtenir des concessions sur des restrictions commerciales, échoua pour deux raisons :

- les États-Unis avaient, au même moment, abandonné l'arrimage de leur monnaie à l'or ;

- la France était favorable à un retour à l'étalon-or, mais n'était pas prête à relancer son économie pour soutenir des objectifs ciblés de la Grande- Bretagne et le relèvement des prix aux États-Unis ou l'allègement des restrictions commerciales françaises.

Face au manque de volonté manifeste de la France, en matière de coopération, la Grande- Bretagne et les États-Unis d'Amérique optèrent pour la stabilité des prix dans leurs économies respectives : « Le Royaume - Uni s'en remit à la coopération monétaire et commerciale avec les pays de la zone sterling (dont les monnaies étaient arrimées à la livre sterling) ; le bloc de l'étalon-or se retrouva autour de la France ; les États-Unis s'engouffrèrent dans leur propre voie » (Eichengreen, 1992).

Mais, très vite, la dépréciation du dollar et de la livre sterling par rapport à l'or rendit la position de la France intenable. Bordo et Schenk (2016) résument, parfaitement, le contexte d'intérêts communs: « (….) and France needed a coordinated devaluation to prevent a free fall in the franc, and the United States of America and the United Kingdom also had an interest in an orderly depreciation of the franc ».

Chaque pays comprit alors qu'il n'avait aucun intérêt à manipuler son taux de change à des fins d'objectifs de politique interne. D'où la constitution du Fonds de Stabilisation de Change (FSC) pour des interventions coordonnées sur le marché des changes, faisant suite à l'accord de 1936 entre les trois pays. Malheureusement, la Seconde guerre mondiale mit fin très tôt, à ce mécanisme de coordination.

CHAPITRE QUATRIÈME
LA THÉORIE DE LA ZONE MONÉTAIRE MONDIALE

Les externalités largement positives de la zone monétaire efficiente (optimale), tant en théorie que dans les faits, que nous avons exposées dans les chapitres antérieurs, sont tout aussi valables dans le cas de la formation d'une zone monétaire incluant tous les pays du monde. Les performances économiques plus ou moins satisfaisantes de l'Union Monétaire Européenne et les expériences encourageantes de certaines unions africaines (ex-UEMOA, CEMAC) et le projet de la zone monétaire continentale africaine , d'une part, et de l'autre, le rôle de moyen de paiement international du dollar depuis la conférence de Bretton Woods et l'impact de la politique monétaire de la FED (la banque centrale américaine), l'irréversibilité de la globalisation des économies au niveau mondial etc. , sont autant de preuves (facteurs) qu'une banque centrale mondiale est, rationnellement, souhaitable et économiquement réalisable. Bien sûr, les obstacles ne manqueront pas dans le processus de réalisation et de fonctionnement d'une telle zone monétaire, compte tenu de l'immensité de l'espace à couvrir, des disparités importantes entre pays développés et pays sous-développés (chaque groupe ayant ses propres disparités internes), des antagonismes politico-économiques de leadership, de l'irrationalité béate et des mentalités et comportements bureaucratiques presque institutionnalisés dans la plupart des pays africains etc. Mais, les sociétés humaines et l'économie (particulièrement), étant en perpétuelle évolution, nous raisonnons ici, ex-post ; car, pour tous les pays du monde, l'amélioration du bien-être des populations est une quête permanente, quel que soit le niveau de développement atteint. L'endogenéité des critères et des conditions permet donc la formation d'une zone monétaire mondiale, du point de vue de la rationalité économique.

Ainsi, nous pensons que la création d'une zone monétaire à l'échelle du monde, avec une banque centrale unique et le dollar, comme monnaie commune, comportera nettement plus de bénéfices (avantages) que de coûts (inconvénients), pour chaque pays et pour l'économie mondiale, comme espace économique unique ; à cela, s'ajoute l'avantage supplémentaire que certains coûts seraient amoindris ou allégés par rapport à ce que préconise la théorie économique.

I.LES COÛTS DE LA ZONE MONÉTAIRE MONDIALE

Comme toute zone monétaire, l'union monétaire mondiale que nous préconisons comporte des coûts tels qu'exposés antérieurement (cf. chapitre deuxième); Il s'agit de voir ici, si ces coûts sont réels pour l'union monétaire mondiale et quel est leur degré de nocivité.

1.1. L'abandon de l'instrument de change

Dans le cadre de l'union monétaire mondiale, l'usage de l'instrument de change permettrait aux pays membres de se protéger contre les effets déflationnistes et le taux de change constitue un élément correcteur des perturbations de demande, des prix et des coûts, et impacte l'output et la compétitivité à court terme ; toutefois, De Grauwe (2000) note que les variations de taux de change n'ont qu'un effet temporaire sur la compétitivité de l'économie d'un pays même si elles ont des effets plus rapides par rapport aux actions sur les prix et les salaires qui ne sont pas totalement flexibles. Dans ces conditions, les coûts de l'abandon de l'instrument de change seront nettement moindres pour tous les pays du monde quand ils y adhèreront.

1.2. La perte de la souveraineté monétaire

La perte de la souveraineté monétaire qui se manifeste par l'absence de contrôle sur la politique monétaire transférée au niveau communautaire (banque centrale indépendante ou non) ne semble pas un coût élevé pour l'adhésion à l'union monétaire mondiale pour plusieurs raisons :

- Les États-Unis, la plus grande économie du monde, perdra – certes - en souveraineté monétaire, mais, l'adoption du dollar américain, comme monnaie commune, atténuera les coûts ;

- déjà, 19 pays européens, dans la cadre de l'Union européenne, l'ont concédée plus ou moins à la Banque Centrale Européenne, même si celle-ci ne dispose pas encore de la totalité de la politique monétaire communautaire. Mais, des progrès sont possibles dans le temps ;

- le reste de l'Europe et l'Asie perdront leur souveraineté monétaire ; mais, la prise en compte de leurs économies respectives dans la politique monétaire de la banque centrale du monde allègerait et compenserait, en partie, cette perte de souveraineté ;

- des pays africains dans l'ex-UEMOA, en Afrique de l'Ouest et la CEMAC, en Afrique Centrale, ont fait ou font l'expérience encourageante de zone monétaire qui leur a permis d'ailleurs de réaliser de bien meilleures performances économiques que les pays africains hors zone monétaire (cf. publication de la Banque Mondiale, André Munsangaie, 2010 et Djelhi -Yahot, 2019).

- tous les pays africains sont depuis longtemps regroupés dans des espaces économiques (CEDEAO, CEMAC, SADC, COMESA, Union Arabe du Maghreb etc.), ont accepté de se regrouper en zones monétaires régionales en attendant la formation de la zone monétaire continental dont la première étape, la zone de libre-échange, a été créée à Kigali, en Mars 2018 (conformément au traité d'Abuja de 1991). Ils ont donc intériorisé la notion de concession de souveraineté monétaire ;

On peut donc dire que, pour l'Afrique et l'Union européenne, la formation de la zone monétaire mondiale signifierait un élargissement de leurs zones monétaires respectives. Leur souveraineté monétaire ayant été déjà abandonnée – du moins en grande partie - elles ne perdent rien, en la matière, en rejoignant la zone monétaire mondiale.

1.3. Les coûts liés à l'existence de différents systèmes de syndicalisme

La courbe Calmfors-Driffill (1998) établit que les organisations polarisées de syndicats (centralisée ou décentralisée) sont moins excessives dans les négociations salariales. En Afrique, les syndicats sont généralement des syndicats centralisés. En Europe, il existe, en plus de la catégorie polarisée, la catégorie intermédiaire qui conduit à des revendications salariales plus incisives pouvant provoquer des coûts plus importants. Nous présumons que le système de syndicalisme africain pourrait, dans le cadre de la zone monétaire mondiale, se transformer en catégorie intermédiaire, donc plus revendicatif, en imitant le système pratiqué en Occident ; les coûts pourraient être élevés pour les pays membres. Mais, l'existence de gouvernements forts en Afrique permettrait d'arrondir les angles face aux revendications salariales. A priori, les coûts salariaux pourraient être, globalement, importants.

1.4. La perte de l'impôt –inflation

La perte de contrôle sur l'impôt - l'inflation sera réelle pour tous les membres de la zone monétaire mondiale puisqu'il leur sera impossible « d'égaler les coûts marginaux de l'impôt et de l'inflation ».

1.5. Les coûts des chocs symétriques et asymétriques

La théorie économique a identifié des coûts engendrés et encourus, selon les types de chocs auxquels les pays membres d'une zone monétaire sont confrontés. Il s'agit de l'impact des chocs sur le taux de change, l'effet des chocs asymétriques, l'impact des chocs symétriques ayant des effets asymétriques et le coût en matière de choix de préférence politique.

1.5.1. Les coûts en termes de taux de change

En situation de baisse des exportations d'un pays, la baisse des prix et des salaires pour accroitre ces exportations en les rendant moins cher, constitue un premier coût à endurer, auquel il faut ajouter une dépréciation possible de la monnaie comme solution pour accroitre les exportations. Or, si la compétitivité provoquée par la baisse des prix est captée par le taux de change réel, alors nous avons deux situations possibles :

- soit le taux de change nominal peut varier, auquel cas, il y a réduction de l'output (production) à court terme, et le taux de change se dépréciera ;

- soit le taux de change est fixe et les prix sont rigides ; il s'exercera alors une pression sur l'économie qui réduira plus fortement l'output, ce qui provoquera une récession qui se propagera jusqu'à ce que les prix baissent.

Or, pour un pays membre d'une zone monétaire qui ne peut mener de politique monétaire individuelle, seule la réduction des prix et des salaires est la solution interne pour réaliser l'ajustement du taux de change réel ; ceci constitue un coût social certain, pour chaque pays - membre, dans la zone monétaire mondiale.

1.5.2. Le coût des chocs asymétriques

Comme nous l'avons expliqué, face à un choc négatif, la dépréciation du taux de change d'un pays non-membre d'une zone monétaire, est une solution efficace pour son économie qu'il peut décider. Mais, qu'en est-il s'il fait partie d'une zone monétaire ? À ce sujet, Baldwin (2013) écrit : « si le pays est membre d'une zone monétaire, l'ajustement du taux de change réel est fait par la banque centrale, soit en dépréciant le taux de change commun, selon les besoins du pays en question, soit en maintenant le taux de change inchangé, soit en laissant le taux de change se déprécier jusqu'à un niveau intermédiaire ». Dans le premier cas de figure, les autres pays membres de la zone monétaire mondiale feront potentiellement face à un excès de demande inflationniste ; dans le second cas, le pays en question sera confronté à un excès d'offre quand le niveau intermédiaire, dans le troisième cas, provoquera un excès d'offre dans le pays en question, et un excès de demande dans les autres pays - membres de l'union monétaire mondiale.

1.5.3. Les coûts des chocs symétriques à effets asymétriques

Dans la réalité, deux pays ne réagissent pas de la même façon face aux chocs à effets asymétriques, car ils subissent les coûts différemment, en fonction du marché du travail, de la règlementation, de l'importance du secteur industriel, de l'état d'endettement et des rapports de force en termes de négociation entre partenaires sociaux, et entre partenaires sociaux et l'État.

De même, la réaction de la banque centrale d'une union monétaire peut avoir des effets asymétriques à cause de l'existence, dans les pays- membres, de différentiation de structures des systèmes bancaires ainsi que des marchés financiers et de leurs capacités à emprunter ou à prêter.

La formation de la zone monétaire mondiale provoquerait assurément des coûts de chocs symétriques et / ou asymétriques pour tous les pays du monde qui y adhèreraient.

1.6. Les coûts en termes de préférence de politique économique

Le tradeoff entre inflation et chômage (courbe de Phillips), opéré à travers la politique monétaire selon la préférence de politique des autorités, est transféré au niveau communautaire dans le cadre de la zone monétaire mondiale. Or, il est difficile que de telles préférences soient homogènes pour tous les leaders politiques du monde entier. Forcément, les pays paieront un prix, en termes de préférence de politique économique, à rejoindre la zone monétaire à l'échelle mondiale. Mais, la tendance générale étant de réaliser un taux de chômage bas, le coût sera moindre pour tous ses membres. De plus, l'économie américaine ayant réalisé, à la fois, le plein - emploi et un taux d'inflation bas depuis trente ans, il est clair que, pour les États-Unis (pays d'ancrage), le coût de préférence politique peut être nul ou considérablement réduit.

Le coût, lié au choix entre favoriser les exportations en pratiquant un faible taux de change ou les consommateurs avec un taux de change élevé, serait beaucoup plus élevé pour les pays africains en termes de stimulation à l'exportation si la seconde option était retenue, car l'essentiel de leurs ressources financières provient des produits d'exportation ; or, une telle politique ne serait pas nécessairement le choix des pays non exportateurs de matières premières et de la communauté monétaire.

1.7. Les coûts de transition

La formation de la zone monétaire mondiale provoque un autre type de coûts, les coûts de transition, que nous avons déjà déterminé, dans notre ouvrage intitulé *Zones monétaires et développement économique en Afrique* publié, en 2019, chez l'Harmattan, Paris. Il s'agit des coûts que la période transitoire engendre qui sont :

-les coûts de l'impression et de la refonte de la nouvelle monnaie commune, à une échelle plus large (tous les pays du monde), même si la société en charge, comme monopole naturel, permettra d'engendrer des coûts unitaires moindres ;

-les coûts de création et de fonctionnement d'une nouvelle autorité monétaire supranationale (la banque centrale mondiale);

-les coûts d'ajustement, c'est-à-dire les coûts psychologiques pour les différents agents économiques (les ménages surtout), les coûts d'ajustement des entreprises et des marchés,

1.8. La création de chômage

Avec l'adoption d'une seule monnaie, le dollar, par tous les pays du monde, disparaitront les opérations de change et le métier d'agents de changes ; les cambistes se retrouveront forcément au chômage. C'est un coût social important à l'échelle planétaire. Mais, ce coût sera amoindri, car les cambistes pourront trouver de l'emploi en s'insérer progressivement dans le système bancaire ou financier.

II. LES BÉNÉFICES DE LA ZONE MONÉTAIRE MONDIALE

2.1. L'accroissement de la valeur de la monnaie commune, le dollar

En cas de création de la zone monétaire mondiale, le dollar, la monnaie commune, sera utilisé dans tous les pays du monde, stabilisant et accroissant ainsi sa valeur en tant qu'unité de compte, réserve de valeur et moyen de paiement. Comme monnaie unique dans le monde, le risque de volatilité de taux de change du dollar disparaitra complètement, évitant la réduction de sa valeur par une variation à la hausse de taux de change inexistant d'une autre monnaie.

2.2. L'accroissement de l'efficacité de la monnaie, la réduction et la disparition des coûts

De plus, l'efficacité de la monnaie, comme unité de compte et moyen de paiement, s'accroit significativement, puisqu'elle est inversement proportionnelle au nombre de monnaies en circulation (Mundell ,1973, 1997) et qu'il n'existe plus qu'une monnaie, le dollar.; c'est également la réduction substantielle du coût de transaction quand le coût de change disparait totalement ; le coût d'information baisse significativement dans la zone monétaire mondiale puisque la multitude de monnaies y a laissé place au dollar, devenu seule monnaie en circulation.

2.3. La réduction de la spéculation contre la monnaie et la disparition du risque de change

L'existence d'une seule monnaie réduit le champs d'intervention des spéculateurs qui ont l'habitude de spéculer contre une monnaie en utilisant une ou d'autres monnaies.

La risque de change est nul dans la zone monétaire unique du monde dans la mesure où il n'existe qu'une seule monnaie. Mieux, l'expression risque de change disparait complètement du vocabulaire économique. Il n'y a plus d'opérations de change ni de taux de change pour faire encourir des risques à des agents économiques.

2.4. La stabilité de la monnaie et la compétitivité des prix

Dans la zone monétaire mondiale, il y a plus de transparence de prix du fait de la comparaison des prix relatifs et de la réduction des discriminations, mais aussi de la diminution de la segmentation des marchés au niveau international. Ce qui profitera énormément aux différentes économies et aux consommateurs.

La stabilité de la monnaie unique, le dollar, est assurée à partir du moment où il n'existe pas plusieurs monnaies dont les différentes valeurs peuvent varier les unes par rapport aux autres.

2.5. L'accès systématique à la devise internationale

L'adoption de la monnaie unique, dans la zone monétaire mondiale permet à tous les pays-membres d'avoir systématiquement accès à cette monnaie qui se trouve être la devise internationale. Ceci est un avantage supplémentaire énorme pour tous les pays ; il profite surtout aux pays en développement, dans leurs transactions internationales, en matière de remboursement de leurs dettes, de crédibilité, de stabilité monétaire, d'attraction d'investissements étrangers etc.

2.6. Le risk-sharing

Le risk-sharing permettra aux membres de la zone monétaire mondiale de supporter, collectivement, les risques, en cas de choc de tout genre, par la répartition des charges, conséquences ou fardeaux. Il y aura donc dilution de l'impact négatif des chocs dans la zone monétaire mondiale.

2.7. Les gains en termes de crédibilité

Les pays d'Afrique à taux d'inflation vertigineux (Zimbabwe, Burundi) ou à monnaies faibles et/ou inconvertibles (Guinée- Conakry, Ghana, Libéria, Sierra Leone etc.) gagneront en crédibilité à rejoindre la zone monétaire mondiale et partageront le dollar, la monnaie commune crédible et forte.

Le Venezuela, anti-américain, à taux d'inflation abyssal, qui accepte le dollar comme moyen de paiement sur son sol, malgré le différend politique avec l'État américain, gagnera énormément en rejoignant l'union monétaire mondiale ; une telle adhésion règlera aussitôt son problème d'hyperinflation, puisque la monnaie locale disparaitra.

Un tel avantage profitera également à beaucoup de pays en Asie et en Europe (particulièrement l'Europe de l'Est) à économies fragiles et à monnaies peu crédibles et inconvertibles.

Aussi, les États-Unis, pays d'ancrage et anti-inflationniste, permettront-ils de maintenir la politique anti-inflationniste à l'échelle mondiale et de restaurer la crédibilité des économies des pays antérieurement discrédités, comme le préconisent Giavazzi et Giovannini, (1989). Ceci justifie la thèse de Tavlas (1993) qui préconise la position dominante du pays d'ancrage dans une zone monétaire ; or, c'est ce rôle que joueront pleinement les États-Unis en cas de formation de la zone monétaire mondiale, avec l'avantage, pour eux, que leur monnaie domestique est la monnaie commune.

2.8. L'augmentation de la croissance économique mondiale.

Comme indiqué plus haut, la création d'une zone monétaire unique pour tous les pays du monde élimine, systématiquement, le risque de change dans la mesure où il n'existe qu'une monnaie dans toute l'économie du monde ainsi globalisée monétairement. Or, selon la théorie néoclassique de la croissance économique, l'élimination du risque de change accélère la croissance économique ; la baisse du risque de change entrainant la baisse du taux d'intérêt, qui à son tour, provoque une accumulation de capital, donc une augmentation de la production en même qu'une baisse de la productivité du capital (théorie néoclassique). Mais, la théorie de la croissance endogène assure que la productivité du capital augmente grâce à la dynamique endogène des effets d'apprentissage, d'accumulation de connaissances et de progrès technique, et des infrastructures publiques. En conséquence, la création de la zone monétaire mondiale accélèrera la croissance économique mondiale.

Quand on prend en compte les mécanismes de la mondialisation des économies nationales, on aboutit à la formation d'une zone monétaire, un espace économique unique et mondial, c'est –à-dire une zone monétaire mondiale comportant deux grandes régions à niveaux de développements différents, c'est-à-dire, le Centre (les pays développés), à haut revenu et la Périphérie (les pays en développement), à bas revenu. Il y a donc des inégalités entre les deux régions. Dans la formation de la zone monétaire mondiale, deux cas de figures sont possibles :

- soit, on décide de suivre les différentes étapes du processus d'intégration telles que déterminées par Bela Balassa (1965), à savoir : zone de libre – échange, union douanière, marché commun, zone économique et monétaire ;

- soit, on passe directement à la dernière étape, l'union monétaire, comme ce fut le cas dans les colonies françaises de l'Afrique de l'Ouest et de l'Afrique centrale, en 1939, à la création du franc CFA (déclaré au FMI en 1946).

Dans l'un ou l'autre cas, on se retrouve face aux problèmes de la croissance économique dans une même zone monétaire où il y a inégalités entre le Centre et la Périphérie, c'est - à - dire entre pays développés et pays en voie de développement. Or, la relation réciproque entre croissance économique et inégalités a fait l'objet de débats dans la littérature économique.

2.8.1. L'effet des inégalités sur la croissance économique

Quand la croissance est faible ou ralentit considérablement, les inégalités ont sur elle, un effet nocif. Ostry et al (2014) et le FMI reconnaissent l'impact négatif des inégalités sur la croissance économique d'un pays.

Krugman (2014), longtemps hésitant sur le sujet, a reconnu « qu'il existe des preuves solides, du côté du FMI, qu'un niveau élevé d'inégalités est un frein à la croissance économique ».

Dans sa théorie de la croissance économique, Nicolas Kaldor (1957) explique « qu'en situation de sous-emploi, les plus aisés ayant une propension à l'épargne plus importante, un accroissement des inégalités et de la part des plus aisés dans le revenu augmente l'épargne, et par conséquent, l'investissement » ; si l'épargne finance l'investissement productif, l'accroissement de l'investissement se traduit par une augmentation effective de la croissance, le progrès technique étant incorporé dans l'investissement (car une forte intensité capitalistique accroit l'innovation et le progrès technique).

Pour Hansen (1939) et Summers (2014), en situation d'excès d'épargne, l'accroissement des inégalités peut avoir un effet négatif sur la croissance économique, ce qui entrainera une stagnation séculaire dans la mesure où la politique monétaire ne permet pas d'atteindre le plein-emploi. Par contre, en pareil cas, « si la baisse des inégalités réduit l'épargne, elle impacte positivement la croissance économique. Il en est de même de l'augmentation de la consommation en biens de luxe et personnel domestique ».

Okun (1975) soutient que les inégalités, par l'incitation à l'effort, à l'innovation et à l'entreprenariat, augmentent la croissance économique. L'idée est que « le marché est à la fois inégalitaire et efficace, et que réduire les inégalités, par rapport à l'équilibre, a forcément un coût en termes d'efficacité »

Aussi, la réduction des inégalités, par l'intervention de l'État est-elle coûteuse, car le principe de marché ne s'étend pas à certains aspects de la vie sociale tels que l'éducation, l'entretien des monuments, le vote etc., de sorte que la redistribution sociale et fiscale constitue un coût. De plus, l'État attribue des droits inefficients qui comportent donc un coût, en termes d'efficience. D'où la nécessité de faire un arbitrage entre les deux objectifs sociaux que sont l'égalité et l'efficacité qui, dans la réalité, peuvent être antagonistes.

En raisonnant en termes de coût / bénéfice, Okun (1975) soutient « qu'il faut promouvoir l'égalité jusqu'au point où le bénéfice de plus d'égalité est juste égal au coût d'une plus grande efficacité ».

L'inégalité, à travers la pression pour la redistribution, a un effet soit négatif, soit positif, sur la croissance économique.

Se basant sur la thèse du marché d'Okun (1975), Meltzer et Richard (1981), ont conclu, contrairement à Okun, que l'inégalité est néfaste à la croissance économique, parce qu'elle augmente la pression en faveur de la distribution ; dans leur modèle, ils indiquent que « la taille (volume) des transferts est déterminée par un vote majoritaire par lequel les électeurs cherchent à maximiser leur utilité. Or, plus l'inégalité est forte, plus les citoyens vaudront une redistribution forte, qui réduit les incitations à travailler, et donc abaisse le revenu national ». L'effet sur le revenu national est mesuré, dans le modèle, par le ratio

Revenu moyen / Revenu médian.

Plus ce ratio est élevé, plus la redistribution est forte (avec l'hypothèse que l'électeur médian est décisif), plus le revenu national est faible. Pour les deux auteurs, seule l'inégalité primaire, c'est-à-dire celle avant la redistribution, doit être prise en compte. Toutefois, la relation entre inégalité et croissance économique dépend aussi du type de régime politique. En cas de ploutocratie (où les riches contrôlent le régime), la relation est inversée, comme c'est le cas aux États-Unis d'Amérique, selon Stiglitz (2012).

Alessina et Rodrik (1994) soutiennent que l'accroissement des inégalités de capital augmente le taux d'imposition et diminue la croissance économique, « mais, seulement pour des niveaux élevés d'imposition. À des niveaux plus faibles, l'imposition et les dépenses publiques corolaires augmentent la croissance économique. Or, les citoyens d'un pays sont inégalement dotés en capital et l'imposition finance, à la fois, la redistribution et les dépenses publiques »

Person et Tabellini (1994) ont construit un modèle pareil, à partir, également, de l'hypothèse de l'électeur médian.

À partir de la politique publique comme canal de transmission, Perotti (1996) a montré que les conclusions des autres économistes ci-dessus, ne permettent pas d'aboutir à des résultats suffisamment probants.

Tout en abordant le sujet sous l'angle de la cohésion sociale et / ou de l'instabilité politique, Alessina et Perotti (1996), Perotti (1996) et Barro (2000) assurent que « la redistribution réduit les crimes et les activités anti-sociales ».

Rodrik (1999) relèvent les difficultés des sociétés inégalitaires à porter des réformes pourtant indispensables à la croissance économique. Par exemple, des reformes de politiques économiques aux conséquences redistributives peuvent être empêchées en cas de mauvais climat social. Ce fut le cas en Côte d'Ivoire en 1989.

Putman (2000), lui, pense que la réduction de la cohésion sociale conduit à réduire le financement de la production de biens publics (infrastructures économiques, et autres biens publics), ce qui aura un impact négatif sur la croissance économique.

Anderson et al (2008) indiquent que l'inégalité rendue publique réduit la contribution à la production de biens publics de tous les participants. Pour lui, « c'est l'injustice perçue, et non les inégalités en elles-mêmes, qui réduit le consentement à financer la production des biens publics, et par voie de conséquence, la croissance économique ».

Pour d'autres économistes, les imperfections du marché du crédit ont un impact négatif sur la croissance économique. À cet égard, Galor et Zeira (1993) affirment que le sous-investissement lié aux imperfections du marché des capitaux produit un effet négatif sur la croissance économique d'un pays : « Le fait que les ménages les plus pauvres ne peuvent pas faire certains investissements, réduit la croissance économique, rend l'économie inégalitaire et crée des grappes de pauvreté constituées par des ménages qui, parce que pauvres initialement, ils le demeurent ». Or, ce ne sont pas nécessairement « les plus talentueux ou les plus inventifs qui investissent, puisque la richesse initiale semble déterminante dans les opportunités et décisions d'investissements ». Cependant, les deux auteurs indiquent que l'impact des inégalités sur la croissance économique « est plus fort dans les pays pauvres que dans les pays développés parce que les ménages sont financièrement contraints dans les premiers ». Ils notent, à l'opposé, que l'organisation du secteur financier et l'accumulation du capital par héritage rendent les ménages nettement moins contraints financièrement.

Thomas Piketty (1997) explique que « la distribution initiale du patrimoine a des effets sur le taux d'intérêt d'équilibre en présence de l'imperfection du marché du crédit ». Si le patrimoine est inégalement réparti ou partagé, « la demande de capital sera plus forte que l'offre, et le taux d'intérêt sera plus élevé. Alors, l'accumulation du capital sera moindre, ce qui réduira la production et la croissance économique.

2.8.2. L'impact de la croissance sur les inégalités

La théorie économique a cherché à déterminer aussi la relation inverse entre inégalité et croissance ; en d'autres termes, elle a cherché à savoir si la croissance peut avoir un impact sur les inégalités ; il s'agit donc de déterminer si oui ou non il existe une corrélation entre la croissance économique et les inégalités.

Kuznets (1950), à partir d'une courbe (cf., courbe de Kuznets), a établi que la croissance, dans un premier temps, accroit les inégalités, avant de les réduire, dans une seconde phase.

Vinod et thomas et al (2002) abondent dans le même sens en reconnaissant qu'une croissance instable a des répercussions négatives sur les pauvres (…).

Mais, cette thèse a été contestée par David Dollar et Art Kraay (2003)

Guillaume Allègre (2015) a, lui, établi une série de canaux de transmission de l'impact des inégalités sur la croissance économique, et des effets réciproques de l'une de ces variables sur l'autre, effets qui sont négatifs ou positifs. Ces canaux sont : l'épargne, l'incitation, la demande de distribution, la classe moyenne, la possibilité de crédit, l'égalité des chances, la cohésion sociale, les effets Kuznets, le chômage et l'état social.

2.8.3. Les estimations empiriques et économétriques

Malgré les difficultés d'estimations empiriques ou économétriques, des études ont été conduites, à partir de données de panel, de l'inégalité mesuré (revenu, propriété foncière, capital humain), de l'indicateur d'inégalité utilisé (par exemple, la part du N ième quantile utilisé par la méthode Gini) et de la méthode économétrique d'estimation (Cingano, 2014).

De leur étude, dans un modèle d'économie avec une augmentation des inégalités de patrimoine et de revenu,

Alessina et Rodrik (1994) ont conclu que les inégalités de propriété foncière et de revenu sont négativement corrélées avec la croissance économique aussi bien dans les pays démocratiques que dans les pays non démocratiques. Clarke (1995) a abouti aux mêmes résultats avec un degré de corrélation plus faible et une causalité ambiguë.

Deininger et Squire (1998), ont, dans leur étude, relevé :

-une forte relation entre croissance à long terme et inégalité initiale de revenu et de la propriété foncière ;

- l'inégalité qui réduit la croissance du revenu pour les pauvres, pas pour les riches ;

-l'absence d'impact négatif de la croissance économique sur les inégalités, contrairement à la thèse de Kuznets ;

-les politiques publiques qui, en facilitant l'accès des pauvres aux actifs, impactent doublement l'économie, par l'augmentation de la croissance économique et la réduction de la pauvreté.

À partir des variables d'indice de sécurité juridique (rule of law index) et de démocratie, de taux d'inflation, de moyenne de nombre d'années d'études, de logarithme du taux de fécondité, du taux d'investissement dans le PIB, Barro (2000) a trouvé peu ou pas d'impact de l'inégalité (mesuré par la méthode Gini) sur la croissance économique. Mais, il a prévenu qu'une forte inégalité pourrait retarder la croissance économique dans les pays pauvres et l'encourager dans les pays développés. Il a indiqué qu'à un PIB par habitant inférieur à 2000 dollars, les inégalités impactent négativement la croissance économique ; Avec un PIB par habitant supérieur à 2000 dollars, elles impactent positivement la croissance économique ; Barro en conclut qu'il y a arbitrage entre inégalité et croissance économique, dans les pays développés, et complémentarité entre les deux variables, dans les pays sous-développés.

En utilisant les données de panel, Li et Zou (1998) identifient une relation positive entre inégalité initial de revenu et croissance économique, n'en tirent aucune interprétation réellement causale.

Forbes (2000) atteste, dans son étude de panel de pays qu'à court et à moyen termes, une augmentation de l'inégalité produit un effet positif sur la croissance économique.

L'étude de Castelo (2010) conclut « à un effet négatif de l'inégalité de revenu et de capital, dans un pays à bas revenu, effet négatif qui disparait ou devient positif, dans les pays à haut revenu », sans être robuste.

Ostry et al (2014) expliquent « qu'un niveau plus bas d'inégalité est corrélé de façon robuste à une croissance plus rapide et durable, pour un niveau donné de redistribution. Les pays à fortes inégalités ont tendance à redistribuer davantage, mais la distribution n'a d'effet sur la croissance que dans des cas extrêmes ». Ils soutiennent que la distribution, en moyenne, impacte positivement la croissance, à travers la combinaison de ses effets directs et indirects et la baisse des inégalités.

Dans son modèle, Cingano (2014) démontre que l'inégalité est défavorable à la croissance économique. Il prend en compte « l'écart entre le revenu de la population à bas revenu et le reste de la population, puisque les inégalités en haut de l'échelle sociale n'ont aucun effet sur la croissance économique ».

À partir de cette longue revue de la théorie économique sur la corrélation entre les inégalités et la croissance économique, on peut dire que, les inégalités exercent des effets négatifs sur la croissance économique dans les pays en développement, et un impact positif dans les pays développés.

Dans la zone monétaire mondiale, les inégalités seront corrélées négativement à la croissance économique dans sa partie Périphérie, et positivement, dans sa partie Centre. Cela est d'autant plus vrai que les pays développés (Centre) tirent avantage du surplus extraverti des économies des pays en voie de développement (Périphérie) depuis la colonisation jusqu'à nos jours (Raul Prebisch, 1950 ; Paul Baran, 1957 ; Samir Amin, 1957 et 1970 ; Celso Furtado, 1964 ; Osvaldo Sunket, 1964 ; André Gunder Frank, 1966,1967, 1975 ; Arghiri Emmanuel,1969). Or, nous avons démontré que l'endettement international contribue à la croissance économique, donc à la réduction des inégalités dans les pays en développement. Par extension, elle réduit aussi les inégalités entre les pays développés et les pays en voie de développement. Il existe donc une corrélation entre l'endettement international et la croissance économique mondiale.

Par conséquent, l'endettement international, en réduisant les inégalités entre le Centre et la Périphérie, contribue à augmenter le PIB mondial ($PIB_m = Y_m$), c'est-à-dire la production mondiale, soit

$$PIB_m = \sum VA_p + \sum VA_s + \sum VA_t,$$

avec

$$\sum VA_p = \text{valeurs ajoutées du secteur primaire}$$

$$\sum VA_s = \text{valeurs ajoutées du secteur secondaire}$$

$$\sum VA_t = \text{valeurs ajoutées du secteur tertiaire}$$

Mais, le PIB ainsi calculé traditionnellement est erroné ; il ne prend pas en compte le poids de chaque secteur d'activité économique dans la création des richesses ; il ne traduit pas donc la réalité économique.

Pour refléter la réalité économique, nous faisons l'hypothèse que le PIB est calculé sous forme d'une moyenne géométrique des valeurs ajoutées des trois secteurs d'activité dans l'économie (cf., *l'endettement international : mythe ou réalité en Afrique,* de Djelhi-Yahot, l'Harmattan, 2020, Paris), soit

$$PIB = a \sum VA_p + b \sum VA_s + c \sum VA_t,$$

a, b et c étant les coefficients de pondération représentant les poids respectifs des trois secteurs d'activité dans l'économie.

Or, le PIB est la somme de toutes les valeurs ajoutées(VA) créées dans un pays au cours d'une période donnée, généralement au cours d'une année :

$$PIB = \sum V A$$

La logique du progrès social, par l'acquisition de richesses (VA) et l'amélioration du bien-être des populations, commande que le PIB de l'année T + 2 soit supérieur à celui de l'année T+1 (l'année antérieure). Mais, tel n'est pas toujours le cas lorsque le taux de croissance du PIB, g est négatif ou nul.

Ainsi, le PIB, par définition et par essence, est toujours positif. Seule sa variation d'une année à l'autre ou sur une période de temps donnée, peut être négative ou positive. Le PIB mondial est égal à la somme des valeurs ajoutées du Centre et de la Périphérie ;

soit

$$PIB_m = Y_m = \sum(VA)_m = \text{le PIB mondiale}$$

$$PIB_c = Y_c = \sum(VA)_C = \text{le PIB du Centre}$$

$$PIB_p = Y_p = \sum(VA)_p = \text{le PIB de la Périphérie}$$

alors

$$Y_m = \lambda \sum(VA)_p + {}_\beta \sum(VA)_c = Y_p + Y_c$$

λ et β étant, respectivement, les coefficient de pondération de la somme des valeurs ajoutées de la Périphérie et du Centre.

Si $Y_p + Y_C > 0$, alors $Y_m > 0$.

En nous situant au niveau de la production mondiale, le surplus extraverti de la Périphérie vers le Centre constitue un gain communautaire, interne au même espace économique qui, dans ce cas précis, est unique pour toutes les économies des deux régions (Centre et Périphérie) constituant l'économie mondiale.

Avec l'hypothèse proche de la réalité que le Centre et la Périphérie constituent une zone monétaire, ayant comme monnaie commune, le dollar (devise de paiement internationale depuis Bretton Wood en 1944), on peut, objectivement, argumenter en faveur des externalités positives que la théorie de la zone monétaire optimale préconise pour les États-membres d'une telle union. C'est tout comme, puisque le dollar est la devise utilisée très largement (65% environ) dans les opérations et transactions financières internationales. Sauf que le dollar, moyen de paiement international, n'est pas la monnaie commune (common currency) de notre virtuelle zone monétaire à l'échelle mondiale, et que son usage comporte des coûts et des risques (coûts de transaction et de change, volatilité des taux de change, etc.) qu'une zone monétaire réelle n'aurait pas engendrés (cf. *Zones monétaires et développement économique en Afrique* de S.A. Djelhi Yahot, édition l'Harmattan, octobre 2019, Paris).

Poser la question de la création d'une zone monétaire unique à l'échelle mondiale, avec le dollar comme monnaie commune, ne sort donc pas du tout du champs scientifique, du moins, du point de vue de la rationalité économique , même si l'idée semble utopique pour les profanes en économie: c'est élargir, à quelque chose près, les thèses des zones monétaires élargies du groupe des sept pays les plus industrialisés de Edison et al(1987) ; mais, c'est surtout, élargir celles des zones monétaires de trois blocs, à l'échelle mondiale de McKinnon(1988).

2.9. L'impact économique de l'immigration, un facteur favorable

L'immigration, en tant que force de travail, ne constitue pas de problème réel ni pour les pays d'origine ni pour les pays d'accueil. Contrairement à ce que préconise la théorie du commerce international (cf. Mundell, 1957), « le développement des flux commerciaux accroit la mobilité du facteur travail en réduisant son coût » ; ce faisant, les mouvements migratoires contribuent à la mondialisation.

Les théories classique et néoclassique identifient l'impact positif des mouvements migratoires du point de vue microéconomique.

Pour les classiques (Adam Smith, 1776 ; John Stuwart Mill, 1848 ; Friedrich Ratzel,1882 ; Ravenstein, 1989), les motivations à l'immigration sont d'ordre économique « pour échapper aux mauvaises lois, aux lois répressives, aux impôts élevés, à un environnement social défavorable ou uncongenial social surroundings, à un climat peu attractif ». Selon, John Stuart Mill (1848) « (...), la migration est un moyen de combattre la tendance aux rendements décroissants de la terre, c'est un remède aux bas taux de salaire et au déclin des taux de profit ».

Selon l'approche néoclassique (Rossi,1955 ; Gerald Leslie et Arthur Richardson, 1961), « la migration est une action rationnelle qui amène à maximiser l'utilité ». À cet égard, Rossi (1955) soutient que « les migrants comparent la satisfaction qu'ils tirent de leur localisation actuelle avec celle qu'ils pourraient tirer d'un déplacement, et une insatisfaction résidentielle engendre un mouvement ».

Gerald Leslie et Arthur Richardson (1961) argumentent que » la migration apparait comme une stratégie parmi d'autres (changement d'emploi, choix familiaux) permettant à l'individu de réagir à une insatisfaction. Ainsi, les migrants accordent principalement une utilité aux biens et services qu'ils peuvent acquérir », et les différentiels de salaires deviennent les facteurs explicatifs de l'immigration, l'agrégation des décisions individuelles expliquant par la suite, les mouvements migratoires.

La théorie néoclassique considère alors la migration comme un facteur de rééquilibrage géographique entre les différentes régions, donc d'équilibre international dans la mesure où les migrants se déplacent des zones de bas salaires vers des zones à hauts salaires et modifient l'offre et la demande de travail.

John Harris et Michael Todaro (1970) ont formalisé et approfondi le concept de choix rationnel en matière d'exode rural ; selon eux, en plus du différentiel de salaires « le salaire espéré par le migrant potentiel, en fonction de son profit, et les coûts liés au déplacement, sont également des facteurs déterminants.

L'immigration est également appréhendée comme un investissement, donc sous forme de capital humain (Sjaastad, 1962). Les individus calculent la valeur présente des revenus futurs de leur capital dans chaque région ou pays donnés, y compris leur lieu de résidence. Puis, ils décident de partir quand les « rendements du capital humain, nets des coûts liés au déplacement, sont supérieurs dans ces pays ou régions que leur pays de résidence ». Toutefois, la probabilité d'émigrer est plus élevée chez les jeunes et les individus bien formés.

La Nouvelle Economie de la Migration, tout en prenant en compte la théorie néoclassique, considère la migration comme une gestion de risque du point de vue familial : le départ d'un membre de la famille s'apparente à une diversification spatiale de risque plus qu'à une maximisation des rendements économiques espérés (Stark, 1984).

Oted Stark (1962) et Robert Merton (1957) ont développé la notion de privation relative comme facteur déterminant dans la prise de décision du migrant. Elle est due au fait que la situation relative de l'individu au sein de la communauté se dégrade. Par exemple, un agent de l'État dont la rémunération ne change pratiquement pas, sera tenté de migrer si la situation économique d'autres collègues s'améliore par rapport à la sienne. Ceci explique « la relation a priori négative entre développement économique et migration ». Un tel mécanisme tend à se renforcer selon que la classe moyenne est plus ou moins sensible à la privation relative.

Allen et Aeton (2005), eux, prennent en compte l'incertitude à laquelle le migrant fait face à cause du frein de distance (Sjaastad,1960, Wolpert,1965). Toutefois, le développement extraordinaire des Nouvelles Technologies de l'Information et de la Communication permet de relativiser l'effet de distance (Allen et Aeton) chez le migrant.

D'autres auteurs considèrent l'expérience en matière de migration comme partie intégrante du capital humain (Ma Mung et al, 1998 ; Berthomière et Hily, 2006) de sorte que les travailleurs ayant déjà une expérience de migration sont plus susceptibles de migrer (Fisher et al, 1997).

Quelles que soient les motivations qui la sous-tendent, nous pouvons affirmer que la migration apporte un gain aux migrants ainsi qu'aux pays d'origine et d'accueil.

Les pays de la Périphérie (pays en développement) tirent profit de l'immigration grâce aux transferts de fonds des migrants qui, selon Mouhoud (2012), sont nettement plus importants que les flux commerciaux et l'aide au développement pourvue par les pays de l'OCDE (qui n'a jamais atteint le taux de 0,7% de leur PIB comme prévu). De plus, l'immigration contribue à résoudre partiellement -

même si c'est de façon insuffisante - leur problème de chômage endémique.

Les pays du Nord (le Centre) sont les principaux pays d'accueil des migrants. À ce titre, ils bénéficient :

- des flux d'immigrants bien formés sans avoir participé à leur coût de formation ;

- de gains en termes de capital humain représenté par le « brain drain » que véhiculent les flux migratoires ;

- de l'impact limité sur le marché du travail en termes de niveaux de salaires et d'emplois qui ne constitue pas une véritable menace pour l'emploi de la force de travail locale. La concurrence se fait surtout entre les vagues des travailleurs immigrés de catégories et d'origines différentes, comme le relève si bien Mouhoud (2012)

- l'impact positif sur les salaires et le marché du travail : des études empiriques montrent que l'immigration tend à élever les salaires des « insiders » dans la mesure où les immigrés et les travailleurs des pays d'accueil sont plus complémentaires qu'en concurrence. En France, par exemple, Mouhoud (2012) note « qu'à court terme, l'ajustement du marché du travail aux besoins de l'économie domestique se fait davantage par le biais de l'immigration clandestine, à cause des fortes restrictions en politique d'immigration, à des fins d'emploi ».

Jagdish Bhagwati (1986) propose, d'ailleurs de taxer, au profit des pays en développement (pays de départ des migrants), les revenus des migrants et les pays développés parce que ces derniers, en tant que pays d'accueil, profitent de la fuite des cerveaux (la force de travail bien formée) sans avoir contribué à sa formation.

En conséquence, l'impact économique de la migration dépend « de la relation entre demande de biens et demande de travail, et du niveau et de l'élasticité de l'offre et de la demande de travail par rapport au taux de salaire » dans le pays d'immigration. Pour déterminer l'impact économique de la migration, il faut donc procéder à une identification préalable des fonctions de consommation et de production des biens et services ainsi que des fonctions d'offre et de demande de travail dans les pays d'immigration. La difficulté, c'est que, comme le relève Marc Termote(1993) de l'Université de Montréal, la théorie économique a, parfois, du mal à établir très nettement, des corrélations significatives, d'une part, entre l'offre et la demande de travail engendrées par la délocalisation de cette demande de travail dans le pays d'immigration (pays d'accueil), et d'autre part, entre l'offre et la demande de biens et services consécutives à cette délocalisation de la force de travail dans ce pays d'immigration.

Toutefois, des études empiriques indiquent des corrélations plus ou moins significatives, sauf dans certaines localités spécifiques comme la province du Québec, toujours, selon Marc Termote (1993) de l'université de Montréal.

Ainsi, au Canada, pays à forte immigration, « (…) si les niveaux d'immigration étaient doublés par rapport à la moyenne (…), le taux de croissance du revenu disponible par habitant augmenterait de 0,06 % (…) ; L'incidence de l'immigration sur le chômage serait négligeable, du moins, à long terme. Par contre, au niveau de la province du Québec, l'impact de l'immigration sur le revenu moyen par habitant était nettement élevé, se situant à 5% en 1974 ».

Mais, deux études conduites par le Bureau de la Statistique de la province du Québec, consacrées à l'impact économique de l'immigration, ont donné des résultats contradictoires : l'une a révélé que le doublement du nombre de migrants (de 22 millions à 42 millions) augmenterait le taux de chômage de 0,8% et diminuerait le revenu par habitant de la province de 1,3%. L'autre étude, avec l'hypothèse d'égalité d'emploi entre migrants et natifs québécois, a abouti à une baisse du taux de chômage de 1,1% et à une augmentation du revenu per capita de 1,24%, sous réserve d'une forte croissance économique de 3,9% sur la période 1986-2001. Les mouvements migratoires semblent avoir un impact plus significatif sur l'économie intra- nationale au Canada (cf. article de Marc Termote, 1993).

Aux États-Unis, une étude de Grossman (1982) a révélé « qu'un afflux supplémentaire d'immigrants n'a qu'une incidence très limitée, voire négligeable, sur l'emploi des nationaux blancs, et qu'une augmentation de 10% du nombre d'immigrants n'entraine qu'une baisse minimum de 0,2 % à 0,3% des salaires des nationaux blancs ». Ces mêmes résultats et tendances sont donnés par d'autres études dont celle de Borjas (1987).

Si nous faisons l'hypothèse que ces résultats d'études n'ont pas beaucoup varié, par anticipations plutôt adaptatives que rationnelles de la part des agents économiques et des États en ce qui concerne l'évolution des économies du Centre et de la Périphérie, alors nous pouvons dire que les mouvements migratoires ne sont pas une menace pour les économies du Centre et ses populations. Au contraire, elles en tirent globalement profit.

Statistiquement, il n'y a pas de raison, pour les pays développés, d'avoir peur de l'immigration. Selon les Nations - Unies, le montant total de migrants est passé de 175 millions en 2000, à 190 millions en 2005, puis à 215 millions en 2010, et enfin à 258 millions en 2017, soit une hausse moyenne de 2,1% par an. Avec le montant de 258 millions en 2017, la migration internationale représente 3,4% de la population mondiale.

Le taux d'émigration (total migrants / population mondiale) a varié entre 2,5% et 2,9%. Le nombre de migrants représente 9% de la population des pays développés ; un tel taux est faible, en comparaison avec celui du commerce mondial qui représente 30% du PIB mondial et avec la part de l'investissement direct à l'étranger réalisé par les multinationales qui est de 7,5% de l'investissement domestique.

En 2017, on note que 64% des migrants s'étaient installés dans les pays de l'OCDE, dont 20,7% dans les régions les plus riches, précisément les États-Unis, le Canada, l'Australie etc. En cette même année 2017, le taux d'immigration de ces trois pays cités, était respectivement de 15,1%, 21% et 28,2% quand le taux d'immigrés des autres pays de l'OCDE variait entre 8,3% (Italie) et 29% (Suisse) sur la tableau n° 1, ci-après.

Tableau n° 1 : taux d'immigration en 2017(en %)

Pays	taux d'immigration
Emirats-Arabes – Unis	87,3
Arabie Saoudite	34,1
Suisse	29
Australie	28,2
Canada	21
Autriche	17, 2
États-Unis	15,1

Royaume Uni	12, 9
Espagne	12, 7
Allemagne	12,5
France	12,3
Pays Bas	11,8
Belgique	11,1
Italie	9,8
Côte d'Ivoire	9,4
Portugal	8,3
Argentine	4,8
Pakistan	1,9
Japon	1,7
Inde	0,4
Brésil	0,3
Chine	0,1

Source : les Nations- Unies

Tableau n° 2 : Taux d'émigration en 2015 (en % de leur population)

Pays	taux d'émigration
Bosnie Herzégovine	45,6
Cap Vert	41,8
Albanie	38,9
Portugal	21,2
Georgie	21,1
Bulgarie	16,3
Pologne	11,1
Mexique	10
Maroc	8,2
Royaume Uni	7,2
Equateur	6,8
Mali	6,1
Philippines	5,3
Italie	4,8
Bangladesh	4,5
Algerie	4,5
France	3, 3
Viet Nam	2,8
Venezuela	2,1
USA	0,9
Chine	0,7
Japon	0,6

Source : les Nations -Unies

Ainsi, la capacité d'absorption d'immigrants, c'est-à-dire la demande de travail non satisfaite localement, ne nous semble pas suturée dans la plupart des pays développés si l'on raisonne en termes de demande de travail réelle dans ces pays ; d'où notre hypothèse de quasi – immobilité (ou mobilité conditionnée) du facteur travail pour la formation de la zone monétaire à l'échelle mondiale (cf., plus loin).

On remarque sur le tableau n° 1 que des pays de petite superficie comme les Émirats Arabes - Unis, la Suisse avec , respectivement 87,3% et 29 %, ont des taux d'immigration nettement plus élevés que ceux de vastes pays comme les États-Unis, le Canada et l'Australie, avec respectivement, des taux de 15,1%, 21% et 28,2% et même des pays à dimension moyenne comme l'Autriche, le Royaume - Uni, l'Allemagne, l'Espagne, la France, ayant pour taux d'immigration 17,2%, 12,9% , 12,5% , 12,7%, et 12, 3%, respectivement etc. On peut en déduire que la capacité d'absorption d'immigrés est principalement liée au PIB, c'est-à-dire à la capacité productrice du pays, en d'autres termes, au volume de création de richesse du pays et non à son étendue. Tant que le niveau de la demande de travail supplémentaire non satisfaite localement d'un pays n'est pas atteint, l'immigration ne provoque pas de tensions sociales entre immigrés et natifs, puisque ces derniers ne sentent pas de menace pour les emplois domestiques pour lesquels ils disent « avoir un droit de préemption » par rapport aux immigrés qui sont des étrangers. Dans ce cas, l'immigration permet de réaliser effectivement l'équilibre sur le marché du travail au niveau international.

Le tableau n° 2, relatif aux taux d'émigration montre que, même si, de façon générale, les taux d'émigration des pays en développement sont plus élevés que ceux dans les pays développés, sauf le Portugal, le Royaume - Uni et l'Italie, l'émigration est le fait de toutes les régions du monde et de tous les pays. La motivation principale de l'immigré étant la recherche de bien-être plus accru, les populations des pays développés émigrent moins que celles des pays en développement, particulièrement les pays africains. Mais, les habitants d'un pays d'immigration savent et comprennent que certains de leurs compatriotes, parfois des parents, sont aussi des travailleurs immigrés dans d'autres pays. Pour cette raison, et logiquement, les mouvements migratoires (en termes d'offre de travail) répondant à la demande réelle de travail, ne s'auraient faire l'objet d'obstruction majeure.

Seule l'immigration clandestine (donc en dehors ou au-dessus du niveau de la demande de travail effective d'un pays) peut poser de véritables problèmes aux mouvements migratoires. Or, dans certains cas, elle correspond à une demande de travail réelle et permet d'ajuster le marché du travail du pays d'accueil (par exemple en France). De plus, avec l'hypothèse de la quasi - immobilité du facteur travail (cf. plus loin), le problème de l'immigration clandestine ne se posera plus ; elle disparaitra dans la zone monétaire mondiale où l'offre de travail excédentaire d'un pays se déplacera pour répondre à la demande de travail effective (ou exprimée) d'un pays membre, pour équilibrer son marché du travail. Par ce mécanisme, l'équilibre du marché du travail peut, en principe, être toujours réalisé, dans la zone monétaire mondiale.

III. LES OBSTACLES À LA ZONE MONÉTAIRE MONDIALE

Malgré les avantages économiques que procure l'existence d'une union monétaire unique dans le monde, les obstacles ne manquent pas, sur le chemin de sa création. Ils sont même nombreux et de différents ordres : économiques, politiques, idéologiques.

En effet, quelques objections - du reste très timides - à la théorie de la zone monétaire optimale, émanant d'une poignée d'économistes, s'élèveront contre la création d'une zone monétaire à l'échelle mondiale. Mais, ces objections resteront très fragiles et ne pourront la contredire très longtemps. Le consensus est, sans équivoque, chez les économistes (dont une vingtaine, au moins, de Prix Nobel) sur le sujet. Cela est d'autant plus vrai que c'est l'article scientifique séminal de la théorie des zones monétaires optimales (de 1961) qui a valu, à son auteur, Robert Mundell, le Prix Nobel d'Economie en 1999, qui constitue la base théorique de la création des unions monétaires (Union européenne, ex-UEMOA, CEMAC).

La théorie de Mundell (1961) met l'accent sur la mobilité des facteurs, particulièrement, la mobilité du facteur travail, dans la formation de la zone monétaire optimale (efficiente) : soit deux pays A et B. Il émet des hypothèses :

- absence de mouvement de capitaux entre les deux pays ;

- rigidité de prix et de salaire dans A et B

S'il se produit une variation dans la demande pour les produits du pays A vers le pays B, ceci provoquera des pressions inflationnistes dans le pays B et du chômage dans le pays A (puisque les prix et les salaires sont rigides).

Si les deux pays A et B pratiquent un taux de change fixe, alors Mundell dit qu'il est nécessaire de recourir à un autre mécanisme d'ajustement pour pouvoir restaurer l'équilibre. C'est la mobilité du facteur travail qui permet alors de rééquilibrer la balance des paiements. En effet, s'il y a forte mobilité du facteur travail, alors les travailleurs du pays se déplaceront vers le pays B de sorte qu'il y aura plus de chômage dans le pays A ou d'inflation dans la pays B. En conséquence, il ne sera plus nécessaire pour les deux pays, d'avoir leurs propres taux de change, une politique monétaire commune étant satisfaisante pour les deux. Ainsi, Mundell conclut qu'en cas de haut degré de mobilité du facteur travail entre deux pays (ou régions), ils doivent avoir un taux de change fixe entre eux, c'est-à-dire adopter une monnaie commune.

McKinnon (1963), tout en admettant la mobilité des facteurs de production comme critère pour la création d'une zone monétaire, marque quelque nuance ; il relève qu'il faut bien distinguer entre deux types de mobilités : mobilité géographique de facteurs (régions) et mobilité de facteurs interindustrielle. En situation de choc de demande négative impactant le pays B, alors la demande pour les produits de type B baissera. Si le pays B est en mesure de développer des produits de type A pour lesquels il y a une demande accrue, alors le besoin de mouvement des facteurs entre les deux pays sera plus grand. Si tel n'est pas le cas, les mouvements de facteurs de B vers A peuvent servir de mécanisme d'ajustement pour empêcher la baisse de revenu dans le pays B.

D'autres économistes (Kenen, 1969) ont relevé l'imparfaite mobilité du facteur travail. Justement, si la mobilité du capital est réelle et acceptée de tous, la mobilité du facteur travail pose problème, même en temps de globalisation ; elle est perçue sous l'angle de l'immigration : les peuples et les États, face aux difficultés économiques de leurs pays respectifs (surtout le chômage massif dans beaucoup de pays), s'opposent, à tort ou à raison, à l'immigration, donc à la mobilité du facteur travail ; même les pays de plein - emploi comme les États-Unis, le Canada etc. sont très regardants, en matière d'immigration , donc de mobilité du facteur travail ; ceci pourrait constituer un obstacle, plus ou moins surmontable, à la formation d'une zone monétaire à l'échelle mondiale.

Mais, une zone monétaire ne peut-elle pas fonctionner correctement sans mobilité du facteur travail ? La réponse, dans notre entendement, est qu'elle peut effectivement exister sans mobilité du facteur travail si les autres critères de mobilité du facteur capital, de flexibilité des prix et du salaire et d'incorporation du progrès technique sont réunis (nous le verrons plus loin).

Des hommes politiques, très souvent profanes en économie, pour des raisons politiques ou idéologiques, voire de leadership politico-économique, donc non rationnelles, s'opposent parfois à la zone monétaire. Ils s'opposeront donc à la création d'une union monétaire mondiale ou s'emploieront à la retarder autant que possible. Il en est de même des populations qui craindront que les immigrés ne prennent une partie des emplois internes. Mais, cette vision de l'immigration n'est qu'une illusion ; l'immigration est plutôt, un facteur positif pour l'économie du pays d'accueil.

En Europe, la résistance à la formation de la zone monétaire mondiale pourrait être forte, de la part de bon nombre de pays, pour des raisons non scientifiques et par anti-américanisme primaire. Déjà, dans l'Union européenne, seuls 19 pays partagent l'euro, comme monnaie commune. Mais, les 19 pays de l'Union Monétaire Européenne, pourront sans grande difficulté, rejoindre l'union monétaire mondiale, puisqu'ils ont acquis l'expérience encourageante de la monnaie commune, au sein d'une union qu'il s'agira seulement d'étendre au reste du monde. L'Angleterre, ultra-conservatrice, qui avait conservé sa propre monnaie, la livre sterling, du temps où elle était membre de l'Union européenne, n'adhérera pas à une zone monétaire mondiale, pour ne pas avoir à statuer sur l'abandon ou non de sa propre monnaie et après être sortie de l'Union européenne, en 2020. Elle ne sera pas prête à tenter une nouvelle aventure d'intégration - du moins, pas dans l'immédiat - quels que soient les avantages potentiels. Mais, du point de vue de la rationalité économique, et face aux avantages énormes par rapport aux inconvénients à y adhérer, elle ne pourra pas restée indéfiniment en dehors de la zone monétaire mondiale.

Les pays sous l'influence russe et la Russie elle-même abandonneront difficilement leurs monnaies nationales, pour le dollar, la monnaie de l'ennemi idéologique. Toutefois, leur appartenance aux Institutions de Bretton Woods, surtout le FMI, laisse penser qu'ils pourront être membres de la zone monétaire mondiale, en cas de création.

Certains pays arabes et les régimes islamiques comme l'Iran, s'opposeront farouchement, au dollar, « la monnaie satanique du grand Satan, l'Amérique », comme monnaie commune. Pourtant, le dollar (cette « monnaie satanique ») circulent dans ces pays, non seulement comme devise internationale, mais souvent comme moyen de paiement au niveau domestique ; de plus, ils vendent leur pétrole pour engranger des milliards de pétrodollars recyclés dans des banques occidentales ; tout ceci laisse penser que le dollar, par nécessité et rationalité économique, pourra être accepté comme monnaie commune, par ces pays, en cas de création de l'union monétaire au niveau mondial.

En Asie, le Japon pourra faire des difficultés à laisser tomber le yen pour le dollar américain. Mais, l'Amérique assure la protection atomique de la nation nippone ; cela peut l'amener à faire des concessions, surtout quand il s'agit de rationalité économique et d'intérêts économiques réciproques ; or, il est établi que les japonais sont très rationnels économiquement.

La plus forte opposition asiatique viendra de la Chine, pays d'idéologie communiste, symbolisant l'opposition face à l'économie de marché. Mais, sa place de seconde économie du monde depuis 2016, grâce à son ouverture sur l'extérieur au cours des dernière décennies, l'ouverture de son économie à l'appropriation privée domestique, son adhésion à l'OMC (en 2001) et aux autres organisations économiques internationales (FMI, Banque Mondiale etc.) et ses opérations financières dans l'économie américaine où elle détient 20% des bons du Trésor américains, montrent bien qu'elle peut faire la part entre économie et idéologie ; elle pourra donc être attentive au projet de création d'une telle union monétaire à l'échelle mondiale.

Les États-Unis d'Amérique, à qui profitera largement une telle réforme, pourraient avoir quelques hésitations, à l'idée de l'expérience du système de Bretton Woods auquel le président Nixon a dû mettre fin, en 1971, suite aux problèmes de surliquidités en dollars. Mais, l'Amérique, c'est l'application presque pure de la rationalité économique ; un projet d'union monétaire mondiale, avec le dollar comme monnaie commune, ne lui posera pas trop de problème si tel est son intérêt. Or, entre autres avantages, une telle union accroitra l'influence américaine sur l'économie mondiale, limitera celle de sa grande rivale, la Chine, en matière monétaire, et lui permettra de mieux surveiller ou encadrer l'émission du dollar, devenu la monnaie commune à tous.

Le Canada s'alignera, sans grand risque, sur la position des États-Unis tant que la rationalité économique est de rigueur ; et la plupart des pays de l'Amérique latine pourront suivre les États-Unis et le Canada dans la zone monétaire mondiale, même si quelques gesticulations et réprobations pourront provenir des pays à économies exsangues comme le Venezuela et Cuba ; mais, ceux-ci ne comptent d'ailleurs presque pas, dans l'économie mondiale.

En Afrique, les idéologues et activistes, profanes en économie, crieront leur opposition partout : sur les places publiques, dans les rues, dans les médias et sur les réseaux sociaux ; mais, ils seront incapables de la moindre démonstration scientifique pour soutenir leur opposition. Tout ce qui provient d'un raisonnement scientifique, en dehors de toute idéologie, leur est allergique. Et ils crient à tue-tête pour s'y opposer ; parfois, ils prennent le peuple en otage, de façon erronée, sur des questions d'intérêt général. Mais, nous osons espérer que, sur les questions monétaires de l'Afrique, les vrais économistes ne leur laisseront pas le champ libre pour débiter leurs incongruités, si néfastes à l'Afrique, dans le domaine de l'économie. L'Afrique ayant déjà un projet de zone monétaire continentale, après réalisation des zones monétaires régionales, conformément au traité d'Abuja de 1991, sera plus réceptive au projet de création de la zone monétaire mondiale. Même sans avoir à émettre son avis, elle suivra ; une telle union monétaire lui sera nettement profitable ; or, elle ne représente presque rien dans le système monétaire international et a des quotes-parts négligeables au FMI où sa voix est inaudible, sauf pour emprunter.

En comparant les bénéfices par rapport aux coûts, la création de la zone monétaire mondiale se justifie pleinement, malgré les obstacles – qui ne sont d'ailleurs pas insurmontables ; les avantages sont largement plus importants que les inconvenants. De plus, certaines conditions ou facteurs déterminants spécifiques conduisent à faire un tel choix.

IV. LES CONDITIONS ET ENVIRONNEMENTS FAVORABLES À UNE ZONE MONÉTAIRE MONDIALE

Certaines conditions édictées par la nouvelle théorie de la zone monétaire optimale (efficiente) et l'évolution des relations internationales et de l'économie internationale sont des facteurs favorables qui justifient la création d'une zone monétaire unique pour tous les pays du monde. Nous allons donc les examiner les unes après les autres.

4.1. La théorie économique et l'environnement favorables

4.1.1. La théorie et les faits

Le degré d'ouverture (McKinnon, 1963), la diversification de la production(Kenen,1969) et la flexibilité des prix et des salaires (très largement admise comme principe économique dans le monde, après la chute du mur de Berlin en 1989, sont autant de critères préconisés par la théorie économique, pour la formation d'une zone monétaire, qui sont acceptés par tous les pays du monde. Ces critères pourront donc faciliter la création d'une zone monétaire à l'échelle mondiale.

La protection contre les chocs (Buiter,1995; Alessina, Barro and Tenreyro, 2002)), le risk-sharing (Asdrubali,Sorenren et Yosha, 1996), le besoin de synchronisation de cycles de production (Frankel et Rose, 1996 ; Buti and Suardy, 2000e), de diversification (Kenen, 1969) donc l'existence d'avantages comparatifs(Hecksscher- Ohlin-Samuelson, 1119,1933,1949, 1953 ; Rycbzinski, 1955 ; Bela Balassa,1965 ; Raymond Vernon , 1966), les besoins de devises (Frankel,1999)),de crédibilité (Kydland et Prescott,1977 ; Barro and Gordon, 1983 ; Calvo and Reinhart,2002) sont autant de théories qui favorisent la création d'une zone monétaire mondiale, avec une monnaie unique pour tous les pays.

L'ouverture aux marchés extérieurs, très largement engagée depuis 1947 par le défunt GATT et renforcée par l'OMC (qui l'a remplacé en 1995, avec autorité et pouvoir sur le commerce mondial) et très visible à travers les institutions de Bretton Woods, la CNUCED, le PNUD, les accords de libre – échange signés ou en cours de négociation etc., est un principe déjà intériorisé partout dans le monde, même en Chine et en Russie. La théorie économique qui s'applique donc sans grande difficulté, à travers le monde, en matière d'intégration commerciale, un des facteurs déterminant de zone monétaire (Kenen, 1969 ; Krugman, 1991 ; Frankel et Rose, 1998 ; Fontagné et

Freudenberg, 1999), est un élément favorisant la formation de l'union monétaire mondiale.

Le besoin de spécialisation et de diversification (Kenen, 1969) et le risk-sharing(Asdrubali, Sorensen et Yosha,1996) est également un facteur favorable. Ces deux critères pour la formation d'une zone monétaire sont devenus aussi des objectifs économiques indispensables pour tout pays ; ainsi, ils sont convoités, aujourd'hui, par tous les pays du monde, surtout les pays en développement, pour accroitre la compétitivité et la productivité de leur économie et amortir les coûts éventuels et prévisibles des chocs, en les partageant avec les autres, dans le cadre éventuel de la zone monétaire à l'échelle mondiale.

Du point de vue monétaire, les autres pays du monde n'auront plus à subir les effets nocifs de la politique monétaire de la FED pour deux raisons : le mécanisme de substitution de devises, canal de transmission de telle politique(McKinnon ,1983) n'existera plus – du moins serait considérablement réduit - du fait de l'existence d'une monnaie unique au monde ; la banque centrale du monde(même si c'est la FED qui est ainsi transformée), indépendante ou pas, nécessairement prendra en compte l'état de leurs économies respectives, dans sa politique monétaire en tant que banque centrale mondiale émettrice de la monnaie commune.

Les pays africains, grands exportateurs de produits primaires, trouveront beaucoup d'avantages, dans l'intensification ex-post, de la spécialisation et de la diversification de produits, dans le cadre de la formation de la zone monétaire mondiale. Ces pays africains qui ont des besoins absolus de devise stable et crédible pour stabiliser leurs économies et donner confiance aux investisseurs étrangers et aux marchés financiers, comprendront qu'ils tireront grand profit d'une telle zone de dimension mondiale. De plus, faire du dollar, la monnaie de paiement internationale dans laquelle sont libellées leurs dettes et leurs transactions extérieures, en remplacement de leurs propres monnaies domestiques disparues, dans le cadre d'une union monétaire planétaire, ne peut que réduire le coût du service de leur dette et de leurs transactions et annuler les énormes coûts de change.

De même, bon nombre de pays en développement, pour les mêmes raisons, trouveront une telle réforme monétaire planétaire profitable. Dans leur ensemble, les pays en développement trouveront une solution à leur besoin de devises et de réserves internationales ; ils pourront importer plus facilement des biens d'équipement et des machines et matériels de production ; ils bénéficieront de système financier plus stable et plus crédible, d'une meilleure gestion économique et monétaire et du renforcement du respect de la règle de droit, dans le cadre de la zone monétaire mondiale.

En plus, dans beaucoup de pays en développement (Venezuela, Mexique, Libéria, Sierra Leone etc.), le dollar circule déjà comme moyen de paiement local, à côté de leurs propres monnaies, de sorte à contredire la loi de Gresham (1519-1579), puisque dans le cas d'espèce, c'est la bonne monnaie (le dollar) qui chasse la mauvaise monnaie (la monnaie locale).

Dans ces conditions, régulariser une telle situation de fait – le dollar, devise internationale largement utilisée à 65%, au moins, dans les transactions internationales et utilisé comme moyen de paiement interne par beaucoup de pays, en plus des États-Unis, la première économie du monde - ne posera pas de problème majeur, du point de vue de la logique économique. Dans la pratique, la Communauté internationale a échoué, dans ses tentatives de trouver un substitut au dollar : le FMI n'a jamais pu substituer les DTS au dollar américain ; l'Europe n'a pu imposer ni l'ECU (créé en 1979) ni l'Euro (en circulation depuis 1999) dans les transactions internationales ; l'Union européenne a même du mal à imposer sa propre monnaie, l'Euro, au niveau interne, à tous ses pays - membres. Elle n'a cours légal que dans 19 pays sur les 27 de l'Union.

La réalité économique étant incontournable et la théorie économique têtue, les autres pays du monde pourront se résoudre à accepter le dollar comme monnaie commune ; ceci ne sera qu'un simple élargissement du rôle du dollar, déjà prédominant, depuis Bretton Woods, en 1944 ; la rationalité économique, ne laisse, apparemment, aucun doute là-dessous.

Seules l'irrationalité, l'antipathie idéologique, la politique politicienne et les rivalités de leadership inutiles constitueront des obstacles à franchir. Mais, partout dans le monde, on peut être ennemi des États- Unis d'Amérique, mais pas du dollar américain. Gagner de l'argent en dollar est très prisé. Car, l'argent ne connait ni idéologie ni frontière. De ce point de vue, le dollar américain pourra être la monnaie de paiement interne dans tous les pays du monde, dans le cadre de la zone monétaire mondiale, comme c'est le cas déjà dans certains pays où il a déjà cours légal.

Globalement, tous les pays bénéficieront de la synchronisation des cycles de production et des chocs ; ainsi, les pays africains, particulièrement, en tireront grand profit.

4.1.2. Le cas spécifique du facteur mondialisation

La mondialisation est un puissant facteur déterminant de la création de la zone monétaire mondiale. En effet, la mondialisation, c'est le processus d'intégration économique de toutes les économies du monde qui deviennent de plus en plus interdépendantes. Elle est expliquée par l'évolution de l'histoire de l'humanité, les faits économiques ; elle a aussi des dimensions culturelle et technologique. Ce processus d'intégration économique a des origines très lointaines - aussi loin que l'on puisse remonter dans l'histoire de l'humanité (avant Jésus Christ). Mais, il a été d'abord soutenu par la théorie économique depuis Adam Smith (1723-1790) et Ricardo (1772-1823), aux XVIII et XIX ième siècles jusqu'à nos jours (, modèle Heckscher-Ohlin-Samuelson, Rybczinski, Raymond Vernon, Bela Balessa, Vanek, Helpman et Krugman etc.), puis accéléré par le renforcement des relations économiques internationales à différents stades, depuis la seconde moitié du vingtième siècle.

4.1.2.1. La théorie du commerce international

Depuis la théorie des avantages absolus de Adam Smith et des avantages comparatifs de David Ricardo (1817) à la théorie dynamique du de cycle de vie des produits de Raymond Vernon (1966) et la théorie des avantages comparatifs révélés de Bela Balessa (1965), en passant par le modèle Heckscher-Ohlin- Samuelson (1919. 1933, 1945 et 1953), les théories de Walter Isard (1954), Rybczinski

(1955), Vanek (1968) et Helpman et Krugman (1985), James Anderson (2002 ?2009,2011) etc., la théorie économique démontre et soutient que le commerce international profite aux pays partenaires. Ces différentes thèses ont fondamentalement contribué à l'internationalisation des économies nationales.

4.1.2.2. Les étapes du renforcement

Au XX ième siècle, la mondialisation des économies nationales a été accélérée par le renforcement des relations économiques internationales ; l'OCDE identifie trois étapes :

- l'internationalisation des économies, à travers le développement du commerce international, amorcée par un accord international, le GATT (General Agreements on Tariffs and Trade), signé en 1947 (par 23 pays au départ, que rejoindront 125 autres pays en 1994), et fortement renforcée par l'Organisation Mondiale du Commerce (OMC) qui a succédé au GATT en 1995.

- la transnationalisation qui se caractérise par le déplacement d'importants flux financiers d'investissement hors de leur pays d'origine et l'implantation massive d'entreprises occidentales et asiatiques dans les pays étrangers ;

- la globalisation rapide des économies engendrée par les Nouvelles Technologies d'Information et de Communication (NTIC) ; ainsi, « les productions se mondialisent, les informations se transmettent de plus en plus rapidement grâce à de nouveaux réseaux ».

4.1.2.2.1. Le rôle du GATT et de l'OMC dans la mondialisation

Le développement du commerce international est, sans conteste, à la base de la mondialisation de l'économie internationale. Le GATT et l'OMC en sont les premiers instruments.

Certains leaders politiques, des intellectuels et des activistes et des organisation économiques, tous antimondialistes, se sont élevés - sans succès heureusement – contre la mondialisation dans les décennies 1980- 1990, à travers des conférences, des marches de protestations, souvent à l'occasion des réunions annuelles des organisations économiques internationales(FMI, Banque Mondiale, OMC, etc.), accusées d'être les instruments de la mondialisation qui joue, selon eux, contre les intérêts des peuples et les appauvrissent. Puis, ces mouvements de protestation se sont transformés en alter- mondialistes pour, non plus, arrêter la mondialisation, mais l'infléchir et la soumettre à leurs visions économiques du monde, contre toute rationalité économique. Ils oublient - ou font semblant de ne pas le savoir - que leurs pays participaient aux négociations du GATT à travers ses différends rounds qui renforçaient, un peu plus, à chaque occasion, les relations commerciales internationales, en intégrant davantage les parties prenantes, dans l'économie internationale qui se globalisait autant. Ainsi, de 23 pays signataires à l'origine, en 1947, on en était à 125 pays - membres, en 1995, au moment du remplacement du GATT, avec 460 accords signés pour les réductions de droits de douanes allant de 25% à 35%, s'étendant au secteur agricole dont le textile et au secteur des services. Les différentes négociations se déroulaient sous forme de rounds tels les Kennedy, Uruguay rounds, par exemple.

Créée en 1995 pour « régir les règles du commerce international, l'OMC assure l'ouverture commerciale et dispose d'un organe de règlement des différends ». Elle est donc une organisation internationale dotée de pouvoir, en matière de commerce international. Elle a pour objet :

- la non-discrimination : éviter la discrimination entre partenaires commerciaux et sur les produits, les services et les ressortissants ;

- l'ouverture maximum du commerce international par l'abaissement des barrières tarifaires et non tarifaires ;

- le maximum de prévisibilité et de transparence : les décisions en matière de commerce international doivent assurer la stabilité, la prévisibilité et la concurrence, mais dans l'objectif de la baisse des prix ;

- la compétitivité accrue : lutter contre la concurrence déloyale qui se manifeste toujours par les subventions à l'exportation et le dumping ;

- des avantages accordés aux pays en développement ou en transition, dans le processus de libéralisation du commerce, en leur laissant plus de temps pour s'adapter, et leur concédant une plus grande flexibilité, voire des privilèges spéciaux, pour réaliser la transition nécessaire à la libéralisation de leur commerce ;

- la protection de l'environnement.

On peut le constater, l'OMC, à travers la libéralisation du commerce, vise également l'ouverture des marchés, ce qui contribue énormément à la globalisation des différentes économies.

4.1. 2.2.2. La transnationalisation financière

La globalisation financière est le second instrument de la mondialisation. Elle s'est accélérée grâce à l'application du principe des trois D : Déréglementation, Désintermédiation et Décloisonnement, principe qui, lui-même, va être, à son tour, accéléré par les NTIC qui permettent l'interconnexion de tous les marchés financiers, à travers le monde et les transferts de capitaux instantanés, de façon électronique.

On peut donc conclure que la mondialisation « correspond à l'accroissement des interdépendances des économies entre elles, à travers des interdépendances des productions, mais également, des interdépendances financières » qui sont beaucoup plus perceptibles.

Sous l'angle de l'interdépendance, Dani Rodrik (1997) relève des antagonismes et trois types de tensions sociales engendrées par la globalisation des économies ; En effet, à travers la réduction des barrières commerciales et les investissements directs étrangers, la globalisation a érigé une ligne de démarcation – c'est la première tension - entre, d'un côté, les nations et groupes, capables de tirer profit des relations transfrontalières (avec des travailleurs hautement qualifiés, très professionnels et libres d'offrir leurs ressources ou force de travail, là où elles sont le plus demandées), et de l'autre, ceux qui ne le peuvent pas, parce que non qualifiés ou peu qualifiés, et qui, en temps de mondialisation, constituent une force de travail nettement plus élastique et facilement substituable ; la seconde tension provient des conflits internes et entre les pays à propos de normes domestiques et d'institutions sociales. En effet, les différents pays, avec différentes normes et valeurs, ont tendance à rejeter la standardisation des normes technologiques et culturelles provoquées par la mondialisation et diffusées internationalement. Le dernier type de tension, selon Rodrik (1997), est dû à la peur pour les pays, de ne pouvoir pourvoir à leurs populations, l'assurance sociale.

Dani Rodrik (2007, 2010) a déterminé le concept de « trilemma »(impossible trinité) politique de l'économie mondiale provoquée par l'antagonisme entre démocratie, auto-détermination nationale et mondialisation économique de sorte que « démocratie, souveraineté nationale et intégration économique mondiale sont incompatibles » ; mais, il indique que seules, deux de ces trois situations, peuvent être combinées simultanément, pas les trois ; d'où l'expression , impossible trinité ou trilemma (en anglais).

Nous soutenons ici, qu'il est possible de réaliser une globalisation efficiente qui apporte une prospérité équilibrée et équitable entre les nations, si l'on intègre, dans le processus, la globalisation monétaire. Il faut donc adopter une monnaie commune pour tous les pays du monde, dans le cadre de la mondialisation pour qu'elle soit complète et plus efficace. C'est la formation de la zone monétaire mondiale.

Quand on prend en compte les mécanismes de la mondialisation des économies nationales, on aboutit à un espace économique unique et mondial, avec des inégalités entre ses différentes régions, c'est-à-dire, le Centre (les pays développés), à haut revenu et la Périphérie (les pays en développement), à bas revenu. Dans cette économie mondiale mondialisée, les inégalités sont corrélées négativement à la croissance économique dans sa partie Périphérie, et positivement, dans sa partie Centre, par référence aux différentes théories économiques justement évoquées. Cela est d'autant plus vrai que les pays développés (Centre) tirent avantage du surplus extraverti des économies des pays en voie de développement (Périphérie) depuis la colonisation jusqu'à nos jours (Raul Prebisch, 1950 ; Paul Baran, 1957 ; Samir Amin, 1957 et 1970 ; Celso Furtado, 1964 ; Oswaldo Sunket, 1964 ; André Gunder Frank, 1966,1967, 1975 ; Arghiri Emmanuel, 1969). Or, nous avons démontré que l'endettement international contribue à la croissance économique, donc à la réduction des inégalités dans les pays en développement. Par extension, il réduit aussi les inégalités entre les pays développés et les pays en voie de développement. Il existe donc une corrélation entre l'endettement international et la croissance économique mondiale.

Par conséquent, l'endettement international, en réduisant les inégalités entre le Centre et la Périphérie, contribue à augmenter le PIB mondial, c'est-à-dire la production mondiale.

Or, le PIB est la somme de toutes les valeurs ajoutées(VA) créées dans un pays, au cours d'une période donnée, généralement une année :

$$PIB = \sum V A$$

La logique du progrès social, par l'acquisition de richesses (VA) et l'amélioration du bien-être des populations, commande que le PIB de l'année T + 2 soit supérieur à celui de l'année T+1 (l'année antérieure). Mais, tel n'est pas toujours le cas lorsque le taux de croissance du PIB, g est négatif ou nul.

Ainsi, les PIB, par définition et par essence, est toujours positif. Seule sa variation d'une année à l'autre ou sur une période de temps donnée, peut être négative ou positive.

$PIB_m = Y_m = \sum(VA)_m =$ le PIB mondiale

$PIB_c = Y_c = \sum(VA)_C =$ le PIB du Centre

$PIB_p = Y_p = \sum(VA)_p =$ le PIB de la Périphérie

$$Y_m = \lambda \sum(VA)_p + {}_\beta \sum(VA)_C = Y_p + Y_c$$

Si $Y_p + Y_C > 0$, alors $Y_m > 0$.

En nous situant au niveau de la production mondiale, le surplus extraverti de la Périphérie vers le Centre constitue un gain communautaire, interne à la même communauté économique qui, dans ce cas précis, est unique pour toutes les économies des deux régions (Centre et Périphérie) constituant l'économie mondiale.

Avec l'hypothèse proche de la réalité que le Centre et la Périphérie constituent une zone monétaire, ayant comme monnaie commune, le dollar (devise de paiement internationale depuis Bretton Wood en 1944), on peut, objectivement, argumenter en faveur des externalités positives que la théorie de la zone monétaire optimale préconise pour les États-membres d'une telle union monétaire. C'est tout comme, puisque le dollar est la devise utilisée très largement (65% environ) dans les opérations et transactions financières internationales. Sauf que le dollar, moyen de paiement international, n'est pas la monnaie commune (common currency) de notre virtuelle zone monétaire à l'échelle mondiale, et que son usage comporte des coûts et des risques (coûts de transaction et de change, volatilité des taux de change, etc.) qu'une zone monétaire réelle n'aurait pas engendrés (cf. *Zones monétaires et développement économique en Afrique* de S.A. Djelhi Yahot, édition l'Harmattan, octobre 2019, Paris).

Mais, poser la question de la création d'une zone monétaire unique à l'échelle mondiale, avec le dollar comme monnaie commune, ne sort pas du tout du champs scientifique, du moins, du point de vue de la rationalité économique ; même si l'idée semble utopique, pour les profanes en économie, il s'agit, en réalité d'élargir, à quelque chose près, les thèses des zones monétaires élargies du groupe des sept pays les plus industrialisés de Edison et al(1987), de coordination de politique monétaire internationale et de zones monétaires de trois blocs à l'échelle mondiale de McKinnon(1988) ;

4.1.3. La disparition de l'impossible trinité

La formation d'une zone monétaire mondiale remet en cause « le trilemma » de Rodrik (1997,2007, 2010) et le triangle de l'impossible trinité, la théorie en économie internationale, formulée par Mundell (1960 et1963) et Fleming (1962) qui démontre qu'il est impossible, pour un pays, de pratiquer, simultanément :

- un taux de change fixe ;

- une libre circulation des capitaux (qui implique une absence de contrôle de capitaux) ;

- une politique monétaire indépendante (avoir donc un contrôle de sa politique monétaire).

Seules deux des trois politiques sont possibles en même temps, c'est - à - dire les combinaisons respectives suivantes :

-taux de change fixe et libre circulation des capitaux sans indépendance de politique monétaire (car une politique monétaire indépendante suppose d'adopter un taux d'intérêt différent de celui du reste du monde qui contrarie la stabilité du taux de change à cause de la pression d'appréciation ou de dépréciation sur la monnaie nationale du pays) ;

-politique monétaire indépendante et libre circulation des capitaux, mais sans taux de change fixe (qui requiert une stabilité de taux de change). ;

-taux de change fixe et politique monétaire indépendante sans libre circulation de capitaux (puisque l'indépendance de politique monétaire requiert un contrôle de capitaux).

Dani Rodrik (2010) recommande la dernière option, c'est-à-dire la combinaison de la pratique du taux de change fixe et de l'indépendance monétaire, parce que « Bretton Woods avait apporté une croissance économique plus rapide à une période où le contrôle des mouvements de capitaux était généralement admis en sciences économiques ».

Or, avec l'existence de la zone monétaire mondiale, donc une monnaie unique, le dollar, tous les pays auront concédé leur souveraineté monétaire, dans une économie internationale globalisée où les capitaux circuleront librement et où l'on pratiquera le système de change flottant officialisé depuis les Accords de Kingston de 1976 ; le besoin de politique monétaire indépendante ayant disparu, les pays n'auront plus besoin d'ajustements de taux d'intérêt ou de taux de change ; il n'y a plus de trinité à réaliser ; la politique monétaire communautaire à l'échelle mondiale évite donc le concept de triangle de trinité et rend la politique économique plus praticable et plus efficace.

Ainsi, les faits et la théorie économiques fournissent suffisamment d'arguments qui permettent d'envisager, rationnellement, la création d'une zone monétaire mondiale à impact largement positif sur l'économie mondiale.

4.1.4. L'extension possible d'une situation de fait

Comme tout le monde le sait, depuis Bretton Woods en 1944, le dollar est la devise internationale pour les paiements dans les transactions internationales. Les tentatives pour son remplacement, par le FMI (avec les DTS) ou par l'Europe (avec l'Ecu ou l'euro) ont échoué ; les propositions du professeur Ronald McKinnon (1988) de constituer trois blocs correspondant à trois zones monétaires distinctes, d'Amérique, d'Asie et d'Europe, ayant chacune sa monnaie communautaire, n'ont pas été suivies par la Communauté internationale, du moins, jusqu'ici. Or, avec 65%, au moins, des transactions internationales s'effectuent en dollar, cette monnaie est, de fait et partiellement, la monnaie commune de tous les pays du monde. De plus, certains pays pratiquent le bimétallisme (la monnaie nationale et le dollar ayant cours légal sur leur territoire).

Par conséquent, étendre la fonction du dollar, de moyen de paiement international à celle de monnaie de paiement au niveau interne de chaque pays, ne peut, rationnellement, poser de véritable problème ; on peut, raisonnablement, considérer l'état actuel comme la première étape, dans ce sens, qui conduira les pays à l'accepter, dans la seconde phase.

4.2. La formation de la zone monétaire mondiale efficiente

Dans mon ouvrage intitulé *Zone monétaires et développement économique en* Afrique (éditions l'Harmattan, octobre 2019, Paris), j'ai démontré que, mathématiquement et économiquement, la théorie traditionnelle de la zone monétaire optimale ne permet pas de réaliser un niveau de production optimale au sens de Pareto. Elle permet plutôt d'obtenir un niveau d'équilibre ; en l'occurrence, elle permet l'équilibre, dans l'économie de l'union monétaire, par l'acquisition de faible taux d'inflation, de plein-emploi sur le marché du travail et d'équilibre externe des États-membres, selon leur situation économique et leurs besoins. Or, l'optimalité est différente de l'équilibre en sciences économiques ; il est donc infondé, rationnellement, de parler de zone monétaire optimale dans l'optique de la théorie économique traditionnelle puisqu'elle nous ramène :

- soit, à la taille optimale de l'union monétaire, ce qui ne correspond pas à l'essence même de cette théorie traditionnelle, mais conduit plutôt à l'acquisition de bonnes performances économiques non nécessairement optimales ;

- soit, à la réalisation de taux de chômage et de taux d'inflation à leur niveau optimal, ce qui est une absurdité – certes logique - si on y parvient ; mais, cela n'a aucun sens économique ; en effet, la rationalité économique et l'aspiration légitime de toute société humaine à un bien-être accru, commandent que le niveau des taux de chômage et d'inflation, dans une économie, soit le plus bas possible, en dépit de la courbe de Phillips à court terme indiquant l'asymétrie de ces deux taux, laquelle courbe est ,d'ailleurs, contrariée par les performances de l'économie américaine(taux d'inflation bas, plein-emploi) au cours des trente dernières années (nous somme en 2020) et contredite par la théorie des monétaristes relevant l'effet nul de cette courbe de Phillips à long terme.

En conséquence, nous avons introduit, dans une nouvelle approche de la zone monétaire, le concept d'efficience qui conduit, étymologiquement, à l'acquisition de bons résultats et répond mieux aux préoccupations des auteurs de la théorie traditionnelle de la zone monétaire optimale et reflète bien leurs idées sous-jacentes (Djelhi-Yahot, 2019). Pour nous, il s'agit donc d'un lapsus linguae scientifique que nous avons corrigé en remplaçant, le terme optimal par le mot efficient ; cela amène à parler de théorie de la zone monétaire efficiente, en lieu et place de celle de la zone monétaire optimale (cf. démonstration complète en annexe)

En toute logique, la proposition que nous faisons ici s'inscrit dans l'optique de la formation d'une zone monétaire efficiente à l'échelle mondiale. Elle doit s'accomplir ex-post, à partir de l'abandon de la mobilité du facteur travail, en faveur de sa quai-immobilité (ou mobilité conditionnée) et des hypothèses de mobilité du facteur capital, de la flexibilité des prix et des salaires et l'existence du progrès technique et de l'endogeneité du capital et dans la production, de substituabilité entre facteur travail et facteur capital.

4.2.1. L'hypothèse de la quasi immobilité ou mobilité conditionnée du facteur travail

Dans son exemple de deux pays, A et B, Mundell (1961), lui-même, avait expliqué qu'en cas d'immobilité du facteur travail, le type de régime de change, entre eux, importe peu. Alors, en quoi l'immobilité ou la quasi - immobilité du facteur travail constituent – t - elles des obstacles au fonctionnement correct d'une zone monétaire, en période de change flottant ? Pour répondre à cette question, nous faisons l'analyse de la situation des deux pays A et B, comme l'a faite Mundell (1961), sans la mobilité du facteur travail, remplacée par la nouvelle hypothèse de la quasi – immobilité ou mobilité conditionnée, mais en y incluant l'existence du progrès technique et de l'endogenéité. Ainsi, nous posons les hypothèses suivantes :

-quasi - immobilité du facteur travail, c'est-à-dire le mouvement du facteur travail uniquement pour répondre à la demande de travail effective, existant réellement dans le pays manquant de force de travail adéquate ; en d'autres termes, c'est une mobilité conditionnée ;

- mobilité du facteur capital ;

- flexibilité de prix et de salaire ;

- existence du progrès technique ;

- endogenéité du facteur capital et dans le processus de production ;

- substituabilité entre facteur travail et facteur capital en termes de productivité.

Dans la théorie de la zone monétaire optimale (Mundell, 1961), le cas d'immobilité du facteur travail empêche le mouvement de travailleurs (donc l'immigration) du pays A vers le pays B, de sorte que le chômage persistera dans le pays A et la pression inflationniste demeurera dans le pays B.

Ce raisonnement, même rationnel, est fragile, car, le déplacement du facteur travail d'un pays à l'autre, n'est pas la seule solution au problème du chômage dans le pays A et à la situation inflationniste dans le pays B.

Par ailleurs, l'imparfaite mobilité du facteur travail dans l'Union européenne et dans les unions monétaires africaines (ex-UEMOA, CEMAC) ne les a pas empêchées d'obtenir des résultats encourageants, voire satisfaisants, du point de vue des performances macroéconomiques.

4.2.1.1. Dans le pays A

La mobilité du facteur capital permet un afflux de capital (en lieu et place du mouvement du facteur travail) en provenance du pays B pour des investissements qui créeront des emplois pour résorber le chômage dans le pays A; l'investissement dans la science et le transfert de progrès technique pourra également améliorer la situation de l'emploi dans le pays A, avec ou sans afflux de capital. L'endogenéité ne fera qu'amplifier le mécanisme. Au pire des cas de l'existence de la seule hypothèse de flexibilité des prix et des salaires, l'ajustement sur le marché du travail du pays A peut se faire s'il y a un système de syndicalisme polarisé (cf., Calmfors and Driffill ,1998) qui permet une variation de salaires compatibles.

4.2.1.2. Dans le pays B

En absence de mouvement de travailleurs en provenance du pays A, le pays B ne ferait pas face à une inflation par le coût (si cette catégorie d'inflation est réelle dans une économie). La flexibilité des prix permet un ajustement par le marché. De plus, il existe d'autres instruments nettement plus efficaces pour lutter contre l'inflation quand elle existe (variation de la masse monétaire, politique d'open- market, variation de taux d'intérêt, variation du taux de réserve obligatoire etc.).

La mobilité du facteur travail n'est donc pas une condition sine qua non pour résoudre les problèmes de chômage et d'inflation dans les deux pays A et B.

En conséquence, nous pouvons dire que la mobilité du facteur travail n'est pas un critère nécessaire à la formation d'une zone monétaire (efficiente). Par contre, la quasi – immobilité, appelée encore mobilité conditionnée, telle que nous l'avons définie comme hypothèse, permet d'équilibrer le marché du travail dans une région, dans une zone monétaire donnée. C'est pourquoi, pour la création de la zone monétaire mondiale que nous préconisons, nous l'avons ajoutée aux autres critères de flexibilité des prix et des salaires, de mobilité du capital, de substituabilité entre capital et travail, de l'existence d'endogenéité et du progrès technique, identifiés par la théorie économique et assumés comme tels dans notre analyse.

4.2.1.3. La création d'un marché mondial électronique du travail

Pour le fonctionnement normal de l'hypothèse de la quasi immobilité ou mobilité conditionnée, un marché du travail unique informatisé sur lequel sont offerts et demandés les emplois, doit être créé au niveau international. Ainsi, la force de travail pourra circuler en fonction de ses quantités d'offre et de demande identifiées sur ce marché mondial unique, pour chaque pays-membre. Les pays et la force de travail y auront systématiquement accès de façon électronique et l'équilibre se réalisera en toute transparence.

4.2.2. La création la zone monétaire mondiale

La création de la zone monétaire à l'échelle mondiale peut être réalisée de deux façons : soit par le processus d'intégration par étapes de Bela Ballassa (1965), soit par la formation immédiate, à partir de la création d'une banque centrale mondiale avec le dollar comme monnaie commune.

4.2.2. 1. La création par étapes.

Compte tenu des disparités de niveaux de développement, d'une part, entre le Centre et la Périphérie, et d'autre part, à l'intérieur de chaque groupe de pays, la création de la zone monétaire mondiale peut se réaliser par séquences et par vagues successives. Mais, l'intégration par le marché (Bela Balassa (1965) est plus appropriée. Toutefois, certains pays ayant atteint un stade supérieur, ne devront pas retourner à un stade inférieur, sous prétexte d'harmonisation.

4.2.2.2.1. La zone de libre-échange mondiale

La première étape d'intégration (Bela Balassa (1965), c'est-à-dire la zone de libre-échange, est obligatoire pour tous les membres de la future zone monétaire mondiale quel que soit leur niveau de développement ou d'intégration économique régional. Il faut donc créer la zone de libre-échange de départ à laquelle tous les pays du monde adhèrent.

4.2.2.2.2. Les autres étapes

La seconde étape consistera en la formation de zones monétaires régionales, dans chaque continent ; ainsi, on aura, et conformément au Traité d'Abuja de 1991, les zones monétaires régionales de l'Afrique de l'Ouest, de l'Afrique Centrale, de l'Afrique Australe, ainsi de suite. En Europe, par analogie, il y aura les zones monétaires de l'Est, de l'Europe Centrale, de l'Europe de l'Ouest etc. ; puis, les zones régionales fusionneront au niveau continental, pour enfin, former la zone monétaire mondiale.

Les zones régionales existantes doivent créer la zone continentale, sans attendre les autres pays qui sont à des stades antérieurs.

4.2.3. La formation directe de la zone monétaire mondiale

Comme les alliés l'ont fait à Bretton Woods, en 1944, la zone monétaire mondiale peut être créée sans passer par les différentes étapes de l'intégration déterminées par Bela Balassa (1965). Les différents critères seront remplis ex-post, par référence au concept d'endogénéité, pour plusieurs raisons :

- le principe d'endogenéité permet de remplir les critères d'intégration ex-post ;

- les pays déjà membres d'union monétaires n'attendent pas les autres pays qui sont aux stades antérieurs, pour avancer aux étapes suivantes;

- les expériences des pays aux stades avancés du développement économique(OCDE) permettront aux autres pays de tirer des enseignements, pour pouvoir faire les ajustements nécessaires dans le processus de développement ;

- l'expérience de l'Union européenne (composée d'une union monétaire avec 19 pays sur 28 partageant l'euro comme monnaie commun, et d'une union économique) obtient de bons résultats macroéconomiques, malgré ses insuffisances ;

- les 19 pays européens ayant l'euro comme monnaie commune ne sont pas tous au même stade de développement ; il en est de même des pays africains de l'ex-UAMOA et de la CEMAC ;

- par expérience, dans la création de toutes les organisations internationales économiques ou politiques, les différences de niveaux de développement ne sont pas prises en compte comme critères d'adhésion ;

- tous les pays du monde, y compris les pays développés et en développement, la Chine et la Russie, reconnaissent la pertinence des critères déterminants de la zone monétaire et la nécessité de les remplir ; la plupart des pays les appliquent plus ou moins, à des degrés divers ; ils les appliquent sinon en totalité, du moins, dans une large proportion. Comme antérieurement exposés, il s'agit notamment de la mobilité des facteurs capital et travail, de la flexibilité des prix et des salaires, de l'intégration financière, de l'ouverture sur l'extérieur, de l'endogenéité et de l'éxogenéité, de l'intégration commerciale, de la crédibilité de la politique monétaire, de l'homogénéité de préférences, de besoin de devises etc.

- par expérience, dans la création de toutes les organisations internationales, économiques ou politiques, la similarité des niveaux de développement n'est pas prise en compte comme critère d'adhésion.

4.3. Le fonctionnement efficace de la Banque Centrale mondiale

La banque centrale du monde qui mènera la politique monétaire à l'échelle internationale devra, statutairement, bénéficier d'une indépendance opérationnelle et technique, tout en ayant l'obligation d'appliquer la règle de John Taylor ; on restructurera le système monétaire international pour que la banque centrale mondiale remplace le FMI (qu'on aurait ainsi ajusté) ; Le personnel technique sera essentiellement constitué d'économistes avertis, titulaires du doctorat , de préférence spécialistes d'économie monétaire ; chaque continent et les grandes régions de chaque continent y seront représentés. Le doctorat en économie doit aussi être la condition sine qua non pour être membre de son Conseil d'Administration, avec un mandat de quatre ans, renouvelable une seule fois. Tout administrateur désigné ne pourra être révoqué en cours de mandat, sauf cas de faute professionnelle lourde (corruption, délit d'initié, traffic d'influence ou jugement orienté, en dehors de toute considération professionnelle rationnelle).

CONCLUSION GÉNÉRALE

La revue de la théorie de la zone monétaire optimale (efficiente) a montré que la formation d'une zone monétaire à l'échelle mondiale impacte positivement l'économie internationale et les économies domestiques, malgré les coûts prévisibles incontournables. L'échec du système monétaire de Bretton Woods de 1944 et les tentatives infructueuses de solutions, depuis 1969, portent à croire qu'il faut aller plus loin si l'on veut instaurer un système monétaire international stable et efficace, générant moins de coûts et d'externalités négatives pour les pays - membres. Or, les différentes propositions de réforme, souvent très pertinentes, de la part des économistes (dont de nombreux lauréats de prix Nobel), n'ont pratiquement jamais été appliquées par le Communauté internationale. Même si ces propositions de réforme avaient été appliquées, elles n'auraient pas permis un fonctionnement optimal, au sens de Pareto (1911), du système monétaire international au profit de tous les pays du monde, parce, justement, entre autres, il manque, dans ces propositions – certes consistantes scientifiquement – un élément important pour leur réussite : l'adoption d'une monnaie internationale commune pour tous les pays. Dans ce livre, j'ai donc intégré ce maillon manquant, dans ma proposition de création d'une zone monétaire mondiale, avec comme monnaie commune, le dollar américain qui joue le rôle de devise dans les transactions internationales, depuis la conférence de Bretton Woods, en 1944. De ce statut à celui de monnaie commune à tous les pays, il n'y a qu'un pas à franchir… scientifiquement. Théoriquement, le raisonnement dans ce livre est logique et obéit à la rationalité économique ; mais, aucune théorie, si rationnelle soit-elle, n'a jamais été définitive. La théorie de la relativité d'Albert Einstein a été améliorée. Néanmoins, je pense que la mise en application de ma théorie permettant d'intégrer l'instrument monétaire, jusqu'ici manquant au processus de mondialisation, rendra l'économie mondiale plus performante au profit de tous les pays du monde ; Toutefois, je suis conscient que les décideurs de politiques publiques, généralement, intériorisent peu la théorie économique qui, très souvent, contredit les logiques politiques et politiciennes.

Abidjan, le 10 mars 2020

ANNEXE

Soit

i_d, le taux d'intérêt domestique

i_f, le taux d'intérêt étranger

t, le taux de taxation sur les opérations financières

S= taux de change comptant

F, taux de change à terme

S^a, le taux de change anticipé

X, le taux de dépréciation anticipée (S / S-1)

À partir du théorème de la parité des taux d'intérêt, on détermine le jeu de la taxe en arbitrage sur taux couvert ou non couvert.

I_d, i_f, F et S^a étant définis pour une même échéance.

Cas d'arbitrage couvert : soit un placement en monnaie domestique avec comme rendement = $1 + i_d$ et un placement en devises = $S^{-1}(1\text{-}t)(1+i_f)(1\text{-}t)F$

Le placement en devises est préférable à condition que

$$1 + i_d < (1\text{-}t)^2 (1+i_f) F / S$$

À partir du logarithme de cette expression, la relation de parité des taux d'intérêt couverts est :

$$i_d - i_f = f - s - 2t$$

avec f et s les logarithmes de F et de S

Cas d'arbitrage non court, avec placement en monnaie domestique : = 1+i et placement en devises : = S^{-1} (1-t)($1+i_f$)(1-t) S^a

Le placement en devise est préférable à condition que

$$1 + i_d < (1-t)^2 (1+i_f) S^a / S$$

Avec le logarithme, la relation de parité des taux d'intérêt non couverts est

$$i_d - i_f = x-2t$$

LE CALCUL DU SEIGNEURIAGE DES ÉTATS-UNIS D'AMÉRIQUE

À partir de n années de déficits liquidés, Grubel (1972), explique comment on pourrait calculer le seigneuriage des États-Unis, par la valeur actualisée de tous les gains futurs, les américains tenant à ce que le règlement de ces déficits soit soldé en dollars ; soit

$$S=\left[\left(\frac{R_1 - r_1 - c_1}{1+d}\right)+\left(\frac{R_2 - r_2 - c_2}{(1+d)^2}\right) + \text{----} + \left(\frac{R_n - r_n - c_n}{(1+d)^n}\right)\right]$$

R = la productivité marginale sociale des ressources acquises à partir du déficit (Investissements extérieurs rendu possibles par le financement du déficit en dollars) ;

r = le taux d'intérêt sur les dollars replacés aux États-Unis par les banques centrales gagnant les balances - dollars;

c = le coût des affaires, c'est-à-dire les frais et charges inhérents au rôle d'émetteur de la monnaie internationale, par exemple, les charges correspondant au rôle de prêteur en dernier ressort ;

d = le taux d'actualisation

D= le montant du déficit de la balance américaine

Avec l'hypothèse que R, r et c sont constants et la somme des déficits d'une période $\sum D$ égale aux accroissements en réserves officielles des banques centrales non américaines, on obtient :

$$S = \frac{R - r - c}{1 + d} \sum D$$

Swoboda (1983) et De Grauwe (1989) ont montré que l'un des inconvénients majeurs du système de Breton Woods est la soumission des autres pays (les n-1 pays) à la politique monétaire américaine.

Avec De Grauwe (1989), notons que A représenté les États-Unis et B, le reste du monde. Alors, les fonctions de demande de monnaie sont les suivantes :

$$P_{A}.\ L_{A}(Y_{A},\ i_{A})$$

$$P_{B}\ .\ L_{B}\ (Y_{B}\ ,\ i_{B})$$

L_A et L_B sont les préférences de liquidité respectivement pour les deux pays A et B, Y_A et Y_B, leurs revenus nationaux respectifs, P_A et P_B, les niveaux de prix , et i_A et i_B,, les taux d'intérêt nominaux.

On suppose que $i_A = i_B + \mu$, μ étant le taux de dévaluation anticipé du pays A.

En faisant l'hypothèse de l'anticipation d'une dévaluation dans A, alors $\mu > 0$, et le taux d'intérêt dans A croitra au titre de compensation. À l'inverse, en change fixe, si le taux de change de la monnaie de A est anticipé comme devant être stable, $\mu = 0$.

Avec M_A et M_B , les offres de monnaie des deux pays ,en régime de changes fixes, on a, à l'équilibre:

$$P_A \,.\, L_A\,(Y_A, i_A) = M_A$$

$$P_B \,.\, L_B\,(Y_B\,, i_B) = M_B$$

Tout ceci peut être représenté graphiquement comme suit :

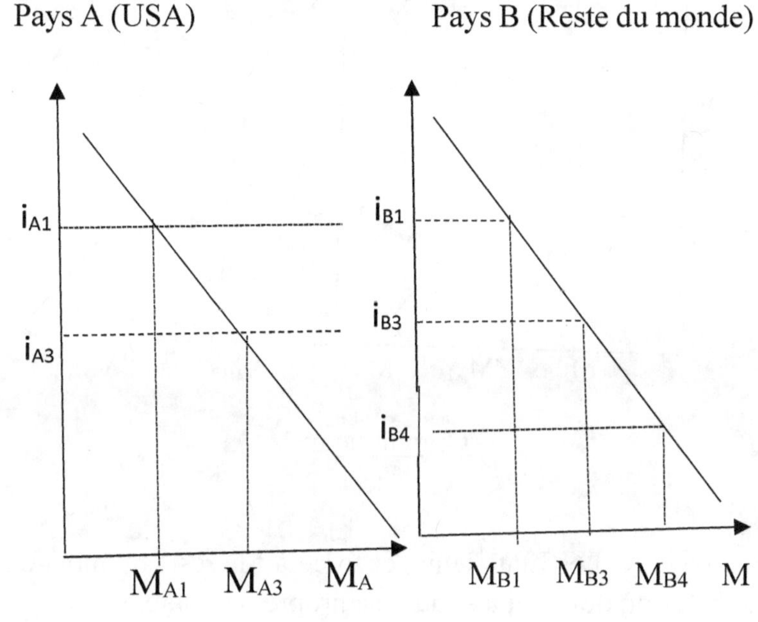

Graphique n°1

Sur le graphique n° 1, si le pays A (les États-Unis) fixe par exemple son stock de monnaie à M_{A1} , il impose du coup au pays B (le reste du monde), le montant de son stock de monnaie au niveau M_{B1} et son taux d'intérêt de sorte que

$$i_{A1} = i_{B1}$$

Soit M_{B1}, le niveau du stock initial du reste du monde, c'est-à-dire le pays B qui décide de le réduire au niveau M_{B2}, fixant du coup son taux d'intérêt à i_{B2}, à un niveau plus élevé. Ceci entrainera une entrée de capitaux en provenance

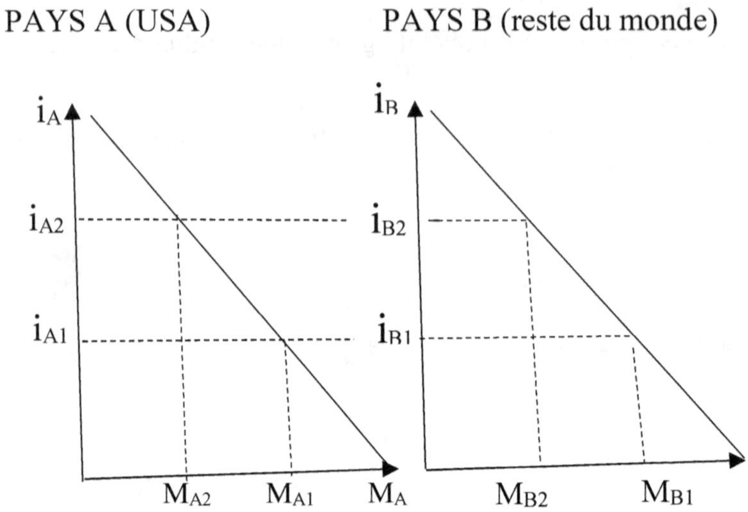

<u>Graphique</u> n°2

du pays A (Les États-Unis) et forcerait le reste du monde à acheter du dollar et à vendre sa propre monnaie.

Dans le pays A, les États-Unis, ce sont des mouvements inverses qui se produisent. On a alors une diminution du stock de monnaie dans le pays A (sortie de capitaux) et une augmentation de capitaux dans le pays B.

De Grauwe pense que les effets de cette intervention ne seront pas symétriques parce que, d'un côté, les États-Unis feront de la stérilisation pour compenser les sorties des capitaux (achats de bons du trésor), et de l'autre, le reste du monde aura tendance à placer ses balances – dollars supplémentaires aux États-Unis. La conséquence, c'est que, sur le graphique 1, l'offre de monnaie des États-Unis se déplacera de M_{A2} à M_{A1}, et le reste du monde s'adaptera à la politique américaine et ne pourra pas mener une politique monétaire indépendante.

Si les États-Unis commencent à pratiquer une politique monétaire inflationniste, le reste du monde importera cette inflation.

Sur le graphique 2, supposons que les États-Unis (A) portent leur offre de monnaie de M_{A1} à M_{A3} et que le reste du monde (B) veuille, en même temps, limiter sa masse monétaire interne et mener une politique anti-inflationniste. Le résultat, c'est une pression à la réévaluation de la monnaie de B et un affaiblissement de la crédibilité du cours de change initial :

- les spéculateurs vont anticiper la réévaluation de la monnaie de B ;

-. μ devient positif (le dollar est anticipé à la baisse ; c'est une dévaluation). De Grauwe parle d'une sorte de « coinage » alors introduite entre les taux d'intérêt de A et de B. et le taux d'intérêt de B doit décliner au-delà de i_{B3} pour compenser la baisse anticipée du dollar, et par conséquent, la valorisation anticipée des actifs détenus en monnaie de B. « Le taux d'intérêt sera porté à i_{B4}, de telle sorte que, alors même que les Etats-Unis maintiennent leur taux d'intérêt à i_{A3} et leur stock monétaire à M_{A3}, le reste du monde doit accepter que son taux d'intérêt descende à i_{B4} et que son stock de monnaie augmente jusqu'à M_{B4}, du fait des achats de sa monnaie par les spéculateurs privés. ».

Ainsi, le reste du monde doit s'accommoder de la politique monétaire expansionniste des Etats-Unis, des crises spéculatives peuvent conduire à une augmentation significative du stock mondial de monnaie. Certains économistes trouvent là, l'explication fondamentale de l'abandon du régime de change fixe.

Néanmoins, à la domination de l'économie américaine et à la prédominance de l'utilisation du dollar – roi, d'autres économistes ajoutent trois limites techniques, du système monétaire de Breton Woods, qu'ils dérivent des premières :

-le privilège exorbitant accordé aux États-Unis d'Amérique, pays émetteur de la monnaie internationale en ce qui concerne le financement de ses déficits qui les exonère de toute sanction en cas de déficit de leurs balances des paiements ;

-la soumission des n-1 autres pays du système à la politique monétaire américaine (ce que nous avons déjà mentionné) ;

-l'adaptation du régime de changes fixes à un environnement de capitaux peu ou pas mobiles qui subit davantage de pressions, au fur et à mesure du renforcement de l'intégration financière internationale, surtout à la fin des années 1960.

L'ÉQUATION DE LA BONNE GOUVERNANCE ÉCONOMIQUE

Dans un espace économique ou une union monétaire, tout comme dans un pays, la bonne gouvernance économique (B_g) est fonction d'un ensemble de variables et de comportements économiques (Djelhi-Yahot, 2017) qui sont :

- Y, le produit intérieur brut (PIB) ;
- M, la masse monétaire ;
- T, le taux d'imposition sur le revenu ;
- G, les dépenses publiques ;
- E_o, le niveau d'emprunts obligataires ;
- I_c, l'indépendance des contrôleurs ;
- F_x, le financement extérieur ;
- L_n, le produit de la loterie nationale ;
- E_d, la compétence des contrôleurs de la dépense publique ;
- B_a, le degré de comportement bureaucratique des agents de l'État.

avec $Y = C + I + G$, en économie fermée.

Soit

$$f(B_g) = f(Y, M, T, G, E_o, I_c, F_X, L_n, E_d, B_a) \qquad (1)$$

Si l'on fait l'hypothèse que les contrôleurs de la dépense publique sont indépendants, bien formés et n'ont pas de comportement bureaucratique, alors l'équation (1) devient

$$f(B_g) = f(Y, M, T, G, E_o, F_x, L_n) \qquad (2)$$

Mais, si l'on considère que E_o, F_x, L_n sont intégrés dans les dépenses publiques (G) et font l'objet de contrôle rigoureux, donc de gestion optimale, alors on peut dire que

$$f(B_g) = f (Y, M, T, G) \qquad (3)$$

Ainsi la bonne gouvernance économique est fonction du produit intérieur brut (PIB), de la masse monétaire (M), du prélèvement fiscal (T) et de la dépense publique (G) :

$$f(B_g) = f(Y, M, T, G) \qquad (4)$$

Dans notre système d'économie ouverte

$$Y = C + I + G + X - M \qquad (5)$$

Avec C = Consommation

I = Investissement

G = Dépenses publiques

X = Exportations

M = Importations

Si nous posons que les exportations nettes sont égales à

$$X - M = \overline{X}$$

Alors l'équation (7) devient

$$f(B_g) = f(Y,M, T, G, \overline{X}).$$

Or, les exportations nettes (X) sont taxées, et l'effet de taxation est pris en compte dans le taux de prélèvement optimal (T) ; alors

$$f(B_g) = f(Y, M, T, G) \quad (6)$$

Même dans l'hypothèse d'une balance commerciale déficitaire du pays, c'est-à-dire

$$X - M < 0$$

où les conditions de dévaluation seraient réunies, ce qui veut dire qu'en plus du fait que les exportations nettes sont négatives ($X - M < 0$), la monnaie du pays est surévaluée (parce que l'indice du taux de change effectif réel est supérieur à 100) et le théorème des élasticités critiques (ou condition de Marshall - Lerner) est vérifié, la décision de dévaluer la monnaie pour corriger le déficit commercial, relève de la politique monétaire et serait prise en compte dans la détermination optimale de la masse monétaire M. Dans ces conditions, l'équation (6) reste la même :

$$f(Y, M, T, G) \quad (7)$$

En se référant à l'équation (5) où Y est mesuré par le PIB, la somme des valeurs ajoutées créées, on s'aperçoit que même si l'État contribue à sa création, le PIB est principalement le fait des ménages et des entreprises, donc du secteur privé. Dans une économie, l'État a pour rôle de créer les conditions (environnement économique et juridique) propices aux activités de production. Par ses politiques économiques (monétaire, fiscale et de dépenses publiques) et la définition de l'environnement économique, l'État régule la création de richesses (PIB) dans une économie ; mais, il ne gère pas directement la majeure partie du PIB, parce que créé principalement par le secteur privé. Il n'utilise que la composante G du revenu Y (PIB) dans sa politique budgétaire, déjà prise en compte dans l'équation. De la même façon, la politique monétaire consistant en l'usage de M, intègre systématiquement l'aspect gouvernance monétaire dans l'équation.

Or, la gouvernance, c'est la manière dont l'État collecte et fait usage des ressources financières publiques à des fins de développement économique. Y est déjà pris en compte, en partie au niveau de G, une de ses composantes, et en partie, au niveau de M répondant aux besoins de financement exprimés dans l'économie (en termes de consommation et d'investissement). M, T et G sont les seules variables sur lesquelles l'État peut agir directement. En définitive, l'équation de la bonne gouvernance économique se présente sous la formule suivante :

$$f(b) = f(M, T, G) \qquad (8)$$

La bonne gouvernance économique est, en réalité, un des principaux critères auquel s'ajoutent les autres critères que l'on peut qualifier de plus ou moins secondaires. Elle impacte, beaucoup plus significativement, le développement de l'économie aussi bien dans un pays que dans une zone monétaire. En effet, se situant à un niveau optimal, elle ne peut que conduire à la réalisation de performances économiques optimales qui, à leur tour, occasionneront des bénéfices nets optimaux.

Que l'on raisonne ex-post (en termes d'endogénéité) ou ex-ante, ces critères sont pris en compte pour la réalisation d'une zone monétaire véritablement optimale, du moins telle que nous l'entendons ici, le caractère optimal s'appréciant strictement par le niveau de maximisation des bénéfices nets procurés à l'ensemble des États - membres de l'union et non par le seul et simple fait de l'intégration dans une union monétaire.

L'équation de la bonne gouvernance peut être représentée graphiquement, à partir de la combinaison des courbes de Laffer et de Barro et du diagramme qui permet l'équilibre sur le marché de la monnaie (cf. Graphique ci-dessous), équilibre qui s'apparente alors au point d'optimalité. On obtient ainsi le diagramme de la bonne gouvernance économique. On peut expliquer la détermination graphique ci-dessous, comme suit : la détermination et l'application d'un taux d'imposition optimal t * permettent de collecter un revenu fiscal optimal R* (figure n°1) et engendrent un taux de croissance économique optimal g* (figure 2) selon Barro. Ce taux de croissance, à son tour, permet d'acquérir une production totale optimale Y* qui se situe elle-même au niveau où l'offre globale (Og) et la demande globale (Dg) des biens se rencontrent au point d'équilibre C. Ce point C représente, en même temps l'optimum et correspond au point d'équilibre D de l'offre globale (Og) et de la demande globale (Dg), déterminé par les courbes IS-LM (figure n°4). À la production optimale Y* répond une demande de monnaie appropriée, donc optimale Md* avec laquelle l'offre de monnaie Ms s'équilibre au point E où elle rencontre la demande de monnaie(Md), au taux d'intérêt optimal r* (figure n°5) préalablement déterminé par les courbes IS-LM.

Graphique

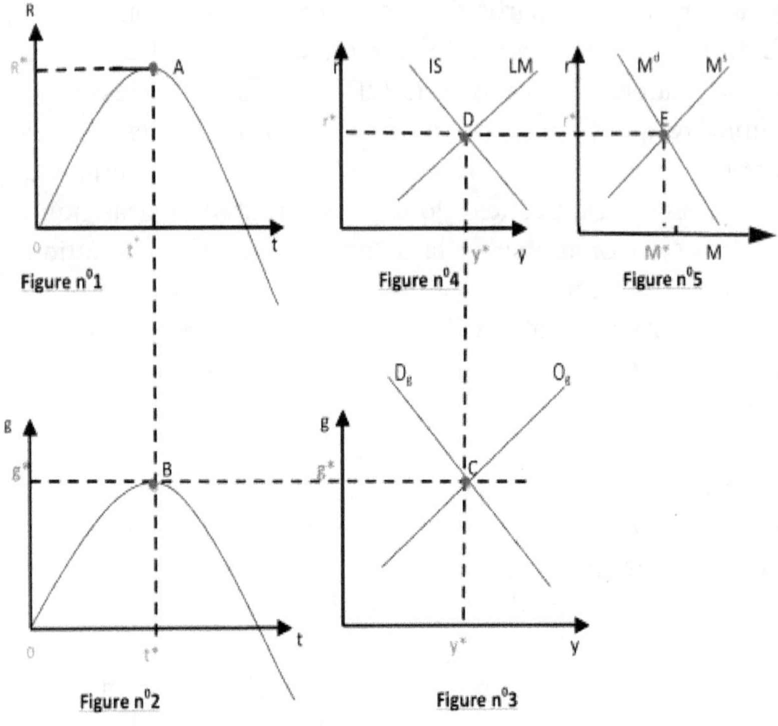
R
R*
A
0
t*
t
Figure n°1
r
IS
LM
r*
D
y*
y
Figure n°4
r
M^d
M^s
r*
E
M*
M
Figure n°5
g
g*
B
0
t*
t
Figure n°2
D_g
O_g
g
g*
C
y*
y
Figure n°3

LA NOUVELLE APPROCHE : LA ZONE MONÉTAIRE EFFICIENTE

La théorie économique qui sous-tend la création d'une zone monétaire optimale ne donne pas une idée réelle de l'optimalité tant du point de vue économique que mathématique. C'est ce que nous tenterons de démontrer ici.

I. L'APPROCHE TRADITIONNELLE DE L'OPTIMALITÉ D'UNE ZONE MONÉTAIRE

Dans la démonstration de Mundell (1962), à l'aide de deux Pays A et B, la mobilité des facteurs de production (travail et capital) permet de réaliser l'équilibre dans l'un ou l'autre pays en fonction de la situation. De même, la flexibilité des salaires et des prix conduit au rééquilibrage dans l'un ou l'autre pays selon la situation économique donnée.

La diversification (Kenen, 1969) permet d'amoindrir les effets des chocs asymétriques, et même de les rendre symétriques dans une même zone monétaire ; grâce à l'élargissement de la taille de l'économie, elle permet d'atteindre un niveau de production optimale et contribue à réduire le déséquilibre.

De même, les autres critères édictés par la théorie de la zone monétaire optimale contribuent à réduire le déséquilibre, grâce à l'augmentation de la production, à travers le déplacement, plus à droite, de la courbe des possibilités de production (cf. courbes ci-dessous) dans un pays.

Graphique n° 1 : Courbes de possibilités de production

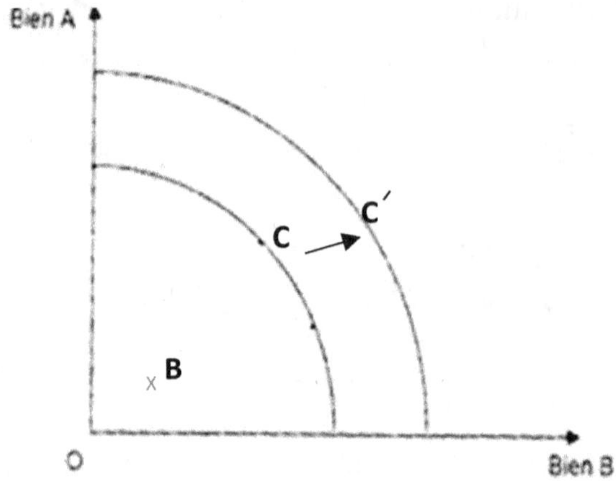

En effet, dans un pays donné, produisant deux biens A et B, les courbes C et C' (sur le graphique n° 1) représentent les possibilités de production maximale en fonction des différentes combinaisons des facteurs de production. En dessous de C et C', c'est – à – dire au point B, par exemple, on se trouve en situation de sous – emploi des facteurs de production. Le déplacement de la courbe C à C' indique le processus de croissance à partir des différentes combinaisons des facteurs de production qui ne sont pas toujours substituables. Réaliser l'optimalité consiste donc à repousser autant que possible les possibilités de production, de manière à obtenir la production au point d'optimum, en d'autres termes, à acquérir les performances économiques maximales pour un pays donné, à un moment donné.

Évidemment, pour les pays africains dont les économies se trouvent nettement en deçà de la courbe de production maximale, le problème c'est comment s'y rapprocher et y parvenir dans un délai raisonnable. D'autres facteurs tels que « les comportements, l'inefficacité du marché, la mauvaise circulation de l'information, l'insuffisance d'entrepreneurs, le manque de prises de risque, l'instabilité politique, les guerres civiles, les rébellions, la rigidité des prix, les contraintes familiales, etc., constituent des contraintes qui les retardent », comme le soulignent J. Brasseul et C Lavrard (2016), malgré la tentative de leur prise en compte par la courbe dite « le labyrinthe des possibilités de production » proposée par Henry Bruton (1998) qui d'ailleurs montre bien les difficultés de progression dans le processus de développement. Pourtant, à notre avis, elle a le mérite de mieux expliquer le processus du développement économique en Afrique, même si elle ne peut permettre de l'accélérer de façon satisfaisante. Comme l'indique cette courbe sur le graphique n°2 (cf. page suivante), le processus de développement est un véritable parcours du combattant, « à travers des barrières ou en les contournant, la société avance de façon discontinue, en essayant une voie, puis une autre, en se trompant et en revenant en arrière » ; autrement dit, le processus avance , en Afrique, à tâtons, avec peu de rationalité et les remises en cause incessantes ou les cramponnements à des modèles erronés et inefficaces, dans un environnement économique fait de corruption excessive, de liberté limitée, de systèmes de marchés inefficaces, de gestion économique et financière sans transparence, participation et responsabilisation (accountability) véritables.

Graphique n° 2 : le labyrinthe des possibilités de production de Bruton

II.UN NOUVEAU CONCEPT : l'EFFICIENCE

En réalité, la courbe des possibilités de production peut

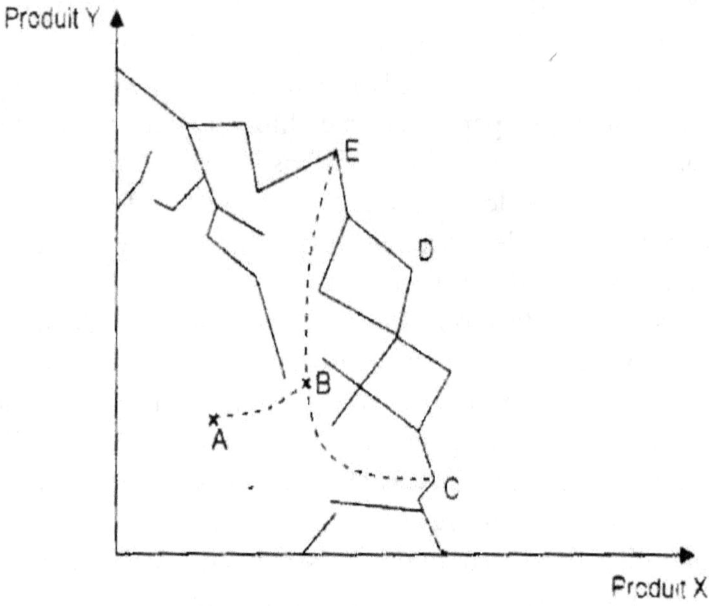

ne pas correspondre au point d'optimum de la production. Alors, en ce qui concerne l'optimalité d'une zone monétaire, on est en droit de se poser des questions : est-ce la taille de la zone monétaire qui est optimale ou l'équilibre de l'économie qui se réalise au point d'optimum ? Ou bien ce sont les bénéfices et les coûts ou les bénéfices nets qui atteignent un niveau optimal ? Est-ce que l'équilibre atteint dans les économies des États - membres d'une zone monétaire optimale est optimal ? Malgré l'impact positif certain de la création de la zone monétaire sur les performances économiques, rien ne permet de dire que le niveau de ces performances économiques se situe au point d'optimum tant économique que mathématique.

Du point de vue de la théorie économique, un niveau de production donné est optimal quand le bénéfice marginal est égal au coût marginal.

Cet état d'optimalité économique est dérivé du principe mathématique de détermination des extrema d'une fonction qui situe le point d'optimum là où la dérivée première de la fonction est égale à zéro et sa dérivée seconde est négative, soit

$$f'(x) = 0$$

$$\text{et } f''(x) < 0$$

Par référence à la détermination mathématique du point d'optimum d'une fonction, un niveau de production ne peut être optimal, au sens économique, que s'il est le plus élevé possible à partir d'une combinaison de facteurs de production donnée. Or, les critères de la théorie de la zone monétaire permettent d'atteindre seulement un niveau d'équilibre de la production nationale (PIB) - qui n'aurait pas été possible en absence de zone monétaire - et non un niveau d'optimalité tel que nous venons de définir. Parler donc d'optimalité d'une zone monétaire ici n'est pas tout à fait juste, puisque l'optimalité est différente de l'équilibre dans la mesure où le point d'optimum, en Sciences Economiques, n'est pas forcément le point d'équilibre, même si les deux points peuvent parfois coïncider.

En raisonnant en termes d'avantages (bénéfices) par rapport aux coûts (inconvénients) que chaque pays tire ou subit à être membre d'une zone monétaire, l'analyse marginaliste ne peut réellement permettre de dire qu'une zone monétaire est optimale que lorsque l'on raisonne ex-ante et en termes statiques, puisque, d'une part, le coût marginal et le bénéfice marginal ne peuvent être calculés qu'à partir des données statistiques collectées, et d'autre part, l'égalité entre bénéfice marginal et coût marginal implique qu'on a atteint le point d'optimalité et qu'il n'y a plus rien à rechercher.

Or, l'économie est en perpétuel mouvement et l'état de développement qui en résulte, est un stade transitoire d'un processus pour davantage de progrès social. De ce point de vue, et en raisonnant ex-post, l'analyse marginaliste de la théorie de la zone monétaire optimale ne semble pas tout à fait satisfaisante pour juger de l'optimalité d'une zone monétaire.

Soit x_i, les bénéfices de la branche d'activité i d'un pays

y_i, les coûts de la branche d'activité i du pays.

b, l'ensemble des bénéfices nets du pays, c'est-à-dire la somme des bénéfices moins la somme des coûts de toutes les branches, soit

$$f(b) = \sum (x_i - y_i) \qquad (1)$$

Maximiser les bénéfices nets du pays, c'est chercher à déterminer leur niveau le plus élevé possible, c'est-à-dire leur niveau optimal. Mathématiquement, il s'agit de chercher le point d'optimum de la fonction des bénéfices nets totaux du pays, soit

$$\text{Max } f(b) = \sum (x_i - y_i) \qquad (2)$$

f(b) est au point d'optimum quand la dérivée première est égale à zéro et la dérivée seconde est négative, c'est-à-dire

$$f'(b) = 0$$

$$\text{et} \quad f''(b) < 0$$

Soit B, l'ensemble des bénéfices nets d'une zone monétaire, constitués par la somme des bénéfices moins les coûts de toutes les branches, sur une période allant de 1 à n.

X = la somme des bénéfices par branches

Y = la somme des coûts par branches

Au temps t_1, $B_1 = \sum(X_1 - Y_1)$

Au temps t_2, $B_2 = \sum_{1}^{2}(X_2 - Y_2)$

………………………………………

………………………………………

…………………………………

Au temps t_n, $B_n = \sum_{1}^{n}(X_n - Y_n)$

Il s'agit donc de maximiser l'ensemble des bénéfices nets de l'union monétaire.

$$\text{Maximiser } B = \text{MAX} \sum (X - Y) \qquad (3)$$

La fonction f(B) détermine, à chaque moment, le niveau de bénéfices nets de l'union monétaire. À chaque étape du processus de développement économique et d'intégration, correspond un niveau de bénéfices nets totaux résultant des performances économiques. Il existe donc plusieurs niveaux de bénéfices nets de l'union monétaire qui varient d'une période à l'autre, et qui, pour la même période, dépendent des différences entre les bénéfices et les coûts, eux-mêmes soumis aux performances économiques, c'est-à-dire à la capacité productive de la zone monétaire. Or, la zone monétaire optimale, telle que définie par la théorie traditionnelle, indique simplement qu'il y a plus d'avantages, donc de bénéfices pour les pays, à former une zone monétaire qu'à conduire individuellement et séparément, leurs économies, puisqu'elle permet de rééquilibrer les économies respectives en termes de niveaux d'inflation, d'emploi et de compte extérieur.

Sur le graphique n° 3, ci-dessous, l'égalité entre bénéfice marginal et coût marginal détermine la taille optimale de la zone monétaire. On peut en déduire que, sur le marché des biens et services, du point de vue microéconomique (si on considère l'union monétaire comme une entité de production), la production est à son niveau optimal parce que bénéfice marginal et coût marginal sont égaux. Or, il s'agit ici de raisonner du point de vue macroéconomique (car, il est question d'espace économique) et de maximiser plutôt l'équation (3), soit

$$\text{Maximiser } B = \sum (X - Y) \qquad (4)$$

C'est – à - dire maximiser la somme des bénéfices totaux dans l'économie, en obtenant l'égalité entre bénéfices et coûts marginaux, ce qui revient à déterminer aussi la taille optimale de l'union monétaire en question.

Mais, pour un pays ou une zone monétaire (un ensemble de pays), il est difficile de quantifier bénéfices et coûts marginaux, surtout quand on prend en compte tous les coûts et bénéfices sociaux.

Graphique n° 3 : Courbe des coûts et bénéfices marginaux

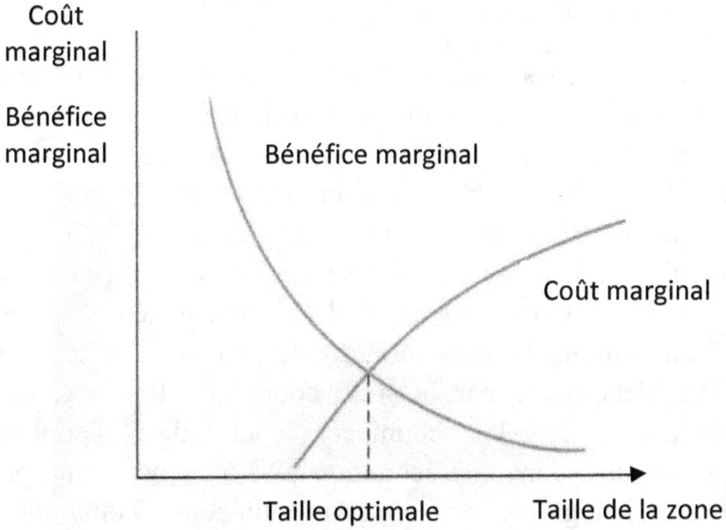

Si l'union monétaire conduit à la réalisation de performances économiques élevées, partant de plus d'avantages, rien n'indique que les niveaux de performances et d'avantages économiques, à chaque stade, se situeront au point de l'optimum, c'est-à-dire au niveau le plus élevé possible, dans la mesure où la zone monétaire conduit à un point d'équilibre, et que l'équilibre diffère de l'optimum.

Dans sa théorie de la zone monétaire optimale, Mundell (1961) raisonne en termes de réalisation de l'équilibre, dans l'économie de deux pays A et B, par l'acquisition de faible taux d'inflation, de plein emploi et de l'équilibre externe (balance des paiements) grâce à l'existence de la zone monétaire. Que la formation de l'union monétaire permette d'obtenir l'équilibre dans l'économie des deux pays, selon le cas, ne pose aucun problème particulier si l'on prend en compte les hypothèses de départ.

Par contre, les niveaux d'inflation et de chômage ainsi recherchés dans l'économie ne peuvent pas correspondre au point d'optimum. En effet, comment expliquer que l'on cherche à réaliser, dans l'union monétaire, les niveaux d'inflation et/ ou de chômage les plus élevés ? Peut-on obtenir simultanément ces deux points d'optimum dans une économie quand on sait, depuis l'économiste néo-zélandais Alban William Phillips (à partir de sa courbe dérivée en 1958, dénommée par la suite courbe de Phillips), que l'inflation et le chômage sont des variables asymétriques dans une économie ? Si on y parvenait, par absurdité logique, ce serait un non-sens économique, puisque l'objectif de la politique économique, c'est, rationnellement, d'obtenir plutôt leurs niveaux minima. Il n'est donc pas tout à fait juste et rationnel économiquement, de parler d'optimalité en ce qui concerne les niveaux d'inflation et de chômage dans les économies des États – membres d'une union monétaire.

En raisonnant en termes d'équilibrage des marchés du travail, des biens et services et de la monnaie, comme Mundell, on peut convenir que le déséquilibre sur chaque marché, dans un pays - membre, est corrigé par les transferts d'excédent budgétaires, de surplus d'offre de travail et par les effets prix de l'économie d'un autre pays – membre. Mais, encore une fois, rien ne prouve que le niveau de ces variables est optimal ou que les équilibres acquis correspondent à un niveau maximal.

En conséquence, dire qu'une zone monétaire est optimale, du seul fait du regroupement des pays - membres, n'est pas, mathématiquement et économiquement, bien fondé. Bien sûr, plus la taille de l'union monétaire s'étend, plus la production de richesse (PIB) augmente, plus la probabilité que les ajustements se réalisent, dans l'économie nécessiteuse, est forte. Mais, rien ne prouve que le niveau de PIB qui en résultera représentera le point d'optimum, car le niveau de production varie également (même avec les mêmes combinaisons des facteurs de production) en fonction de la dynamique endogène (amélioration de connaissances et de savoir-faire, progrès technique, résultats de recherche-développement etc.)

Employer le mot optimal comme épithète, pour qualifier une zone monétaire tel que le fait la théorie économique traditionnelle, est donc inapproprié. On pourrait plutôt parler de « zone monétaire efficiente », dans la mesure où le terme efficient veut dire « ce qui conduit à de bons résultats », ce à quoi conduit justement une zone monétaire quand elle fonctionne à plein régime.

Toutefois, cette correction d'épithète qui permet de distinguer entre point d'optimum et point d'équilibre – tant du point de vue mathématique qu'économique - ne peut remettre en cause l'impact de la formation de zone monétaire sur les économies des États membres. C'est l'interprétation et la qualification de l'impact de la zone monétaire qui sont erronées, et non l'impact lui-même qui est réel et ne peut être réfuté.

De même, du point de vue de la logique économique, un niveau donné de performances et d'avantages économiques d'une union monétaire ne saurait, d'office, être qualifié d'optimal ; dans ces conditions, reposons la même question : qu'est-ce qui est optimal ? la taille de l'union monétaire, la production (PIB) ou le niveau des bénéfices ? En d'autres termes, cherche-t-on à déterminer une taille optimale de zone monétaire en intégrant un ensemble de pays ou à regrouper des pays en une union monétaire pour leur permettre de réaliser le niveau le plus élevé possible - donc optimal - de performances économiques (PIB) afin d'obtenir le maximum d'avantages (bénéfices) nets ? Il apparait évident, dans notre entendement, qu'il s'agit du second cas de figure, c'est-à-dire la maximisation des bénéfices nets que procure l'union monétaire à ses membres, étant entendu que les bénéfices excèdent les coûts ; autrement, il n'y aurait pas d'avantages nets. Or, l'objet de la science économique, c'est la recherche du progrès social.

Former donc une union monétaire ne conduit pas automatiquement à l'acquisition d'avantages optimaux ; la création de la zone monétaire constitue une première étape, et le respect des critères de la zone monétaire permet, par la suite, d'atteindre un niveau de production optimale pour pouvoir acquérir des avantages et performances économiques optimaux, grâce aux critères identifiés, y compris la similarité des structures économiques (convergence macroéconomique) et l'efficacité de la politique économique. La zone monétaire devient alors efficiente ; il faut plutôt parler de zone monétaire efficiente.

Que l'on raisonne en termes d'endogenéité (ex-post) ou ex-ante, les critères d'efficience doivent être pris en compte dans la formation ou le fonctionnement d'une zone monétaire véritablement efficiente, du moins telle que nous l'entendons ici, le caractère efficient s'appréciant strictement par le niveau de maximisation des bénéfices nets procurés à l'ensemble des États - membres de l'union et non par le simple fait de l'intégration dans une union monétaire.

ACCORD PORTANT CRÉATION DE LA ZONE DE LIBRE-ÉCHANGE CONTINENTALE AFRICAINE
1
ACCORD PORTANT CRÉATION DE LA ZONE DE LIBRE-ÉCHANGE CONTINENTALE AFRICAINE
PRÉAMBULE

Nous, États membres de l'Union africaine,

DÉSIREUX de mettre en œuvre la décision (Assembly/AU/Dec.394(XVIII) de la Conférence des chefs d'État et de gouvernement, adoptée au cours de sa Dix-huitième session ordinaire tenue les 29 et 30 janvier 2012 à Addis-Abeba (Éthiopie), relative au cadre, à la Feuille de route et à l'Architecture concernant l'accélération de la création rapide de la Zone de libre-échange continentale africaine et au Plan d'action pour la stimulation du commerce
intra-africain.

CONSCIENTS du lancement des négociations en vue de la création d'une Zone de libre-échange continentale visant à intégrer les marchés africains conformément aux objectifs et principes énoncés dans le Traité d'Abuja lors de la vingt-cinquième session ordinaire de la Conférence des chefs d'État et de gouvernement de l'Union africaine tenue à Johannesburg (Afrique du Sud) les 14 et 15 juin 2015 [Assembly/AU/Dec. 569(XXV)] ;

DÉTERMINÉS à renforcer nos relations économiques en nous appuyant sur nos droits et obligations respectifs en vertu de l'Acte constitutif de l'Union africaine de 2000, du Traité d'Abuja et, le cas échéant, de l'Accord de Marrakech de 1994 portant création de l'Organisation mondiale du commerce ;

TENANT COMPTE des aspirations énoncées dans l'Agenda 2063 visant à créer un marché continental avec la libre circulation des personnes, des capitaux, des marchandises et des services, qui sont essentiels pour le renforcement de l'intégration économique, la promotion du développement agricole, la sécurité alimentaire, l'industrialisation et la transformation structurelle économique ;

CONSCIENTS de la nécessité de créer un marché élargi et sécurisé pour les marchandises et les services des États parties grâce à une infrastructure adéquate et à la réduction ou à l'élimination progressive des barrières tarifaires et à l'élimination des barrières non tarifaires au commerce et à l'investissement ;

CONSCIENTS ÉGALEMENT de la nécessité d'établir des règles claires, transparentes, prévisibles et mutuellement avantageuses pour régir le commerce des marchandises et des services, la politique de concurrence, l'investissement et la propriété intellectuelle entre les États parties, en résolvant les problèmes posés par les régimes commerciaux multiples et qui se chevauchent afin d'assurer la cohérence des politiques, notamment dans les relations avec les parties tierces ;
2

RECONNAISSANT l'importance de la sécurité internationale, de la démocratie, des droits de l'homme, de l'État de droit et de l'égalité de genres pour le développement du commerce international et de la coopération économique ;

RÉAFFIRMANT le droit des États parties de règlementer sur leur territoire les flexibilités dont ils disposent pour poursuivre des objectifs légitimes de politique publique, y compris dans les domaines de la santé publique, de la sécurité, de l'environnement, de la moralité publique, ainsi que de la promotion et la protection de la diversité culturelle

RÉAFFIRMANT EN OUTRE nos droits et obligations réciproques existants, en vertu d'autres accords auxquels nous sommes parties ; et

RECONNAISSANT que les Zones de libre-échange des Communautés économiques régionales (CER), servent de piliers, à la création de la Zone de libre-échange continentale africaine (ZLECA) ;

SOMMES CONVENUS DE CE QUI SUIT :
PREMIÈRE PARTIE DÉFINITIONS
Article 1er

Définitions
Aux fins du présent Accord, l'on entend par :
(a) « **Traité d'Abuja »,** le Traité instituant de la Communauté économique africaine de 1991 ;
(b) « **Accord** », l'Accord portant création de la Zone de libre-échange continentale africaine, ainsi que ses Protocoles, Annexes et Appendices, qui en font partie intégrante ;
(c) « **Annexe** », un instrument joint à un Protocole et faisant partie intégrante du présent Accord ;
(d) « **Appendice** », un instrument joint à une Annexe et faisant partie intégrante du présent Accord ;
(e) « **Conférence** », la Conférence des Chefs d'État et de Gouvernement de l'Union africaine ;
(f) « **UA** » ou « **Union** », l'Union africaine ;

(g) « **ZLECA** », la Zone de libre-échange continentale africaine ;
(h) « **Commission** », la Commission de l'Union africaine ;
3
(i) « **Acte constitutif** », l'Acte constitutif de l'Union africaine de 2000 ;
(j) « **Union douanière continentale** », l'Union douanière au niveau continental à travers l'adoption d'un tarif extérieur commun tel que prévu par le Traité instituant la Communauté économique africaine de 1991 ;
(k) **Conseil des ministres,** le Conseil des ministres africains des Etats parties en charge du commerce
(l) « **Organe de règlement des différends (ORD) »,** l'organe établi pour régir les dispositions du Protocole sur les Règles et procédures relatives au règlement des différends, sauf si autrement défini dans le présent Accord;
(m) **« Conseil exécutif »,** le Conseil exécutif des ministres des Affaires étrangères de l'Union africaine ;
(n) « **AGCS** », l'Accord général sur le commerce des services de 1994 de l'OMC ;
(o) « **GATT »,** l'Accord général sur les tarifs douaniers et le commerce de 1994 de l'OMC ;
(p) « **Instrument** », le Protocole, l'Annexe ou l'Appendice, sauf dispositions contraires du présent Accord ;
(q) « **États membres** », les États membres de l'Union africaine ;
(r) « **Barrières non-tarifaires** », obstacles qui entravent le commerce par des mécanismes autres que l'imposition de tarifs douaniers ;
(s) **« Protocole »,** un instrument au présent Accord et faisant partie intégrante de l'Accord ;
(t) « **CER** », les Communautés économiques régionales reconnues par l'Union africaine, à savoir l'Union du Maghreb arabe (UMA), le Marché commun de l'Afrique orientale et australe (COMESA), la Communauté des États

sahélo-sahéliens (CEN-SAD), la Communauté d'Afrique de l'Est (CAE), la Communauté économique des États de l'Afrique centrale (CEEAC), la Communauté économique des États de l'Afrique de l'Ouest (CEDEAO), l'Autorité intergouvernementale pour le développement (IGAD), et la Communauté de développement de l'Afrique australe (SADC) ;

(u) « **Secrétariat** », le Secrétariat institué par le présent Accord ;

4

(v) « **État partie** », un État membre qui a ratifié le présent Accord ou y a adhéré et à l'égard duquel le traité est en vigueur ;

(w) « **Partie tierce** » un État(s) qui n'est (sont) pas partie(s) au présent Accord, sauf dispositions contraires du présent Accord ; et

(x) « **OMC** », l'Organisation mondiale du commerce telle qu'établie aux termes de l'Accord de Marrakech établissant l'Organisation mondiale du Commerce.

DEUXIÈME PARTIE

CRÉATION, OBJECTIFS, PRINCIPES ET CHAMP D'APPLICATION

Article 2

Création de la Zone de libre-échange continentale africaine

Il est créé une Zone de libre-échange continentale africaine, ci-après dénommée « ZLECA ».

Article 3

Objectifs généraux

Dans ses objectifs généraux, la ZLECA vise à :

(a) créer un marché unique pour les marchandises et les services facilité par la circulation des personnes afin d'approfondir l'intégration économique du continent africain et conformément à la vision panafricaine d'une « Afrique intégrée, prospère et pacifique » telle qu'énoncée dans l'Agenda 2063 ;

(b) créer un marché libéralisé pour les marchandises et services à travers des cycles successifs de négociations ;

(c) contribuer à la circulation des capitaux et des personnes physiques et faciliter les investissements en s'appuyant sur les initiatives et les développements dans les États parties et les CER ;

(d) poser les bases de la création d'une union douanière continentale à un stade ultérieur ;

(e) promouvoir et réaliser le développement socio-économique inclusif et durable, l'égalité de genres et la transformation structurelle des États parties ;

(f) renforcer la compétitivité des économies des États parties aux niveaux continental et mondial ;

5

(g) promouvoir le développement industriel à travers la diversification et le développement des chaînes de valeurs régionales, le développement de l'agriculture et la sécurité alimentaire ; et

(h) résoudre les défis de l'appartenance à une multitude d'organisations qui se chevauchent, et accélérer les processus d'intégration régionale et continentale.

Article 4
Objectifs spécifiques

Aux fins de la réalisation des objectifs énoncés à l'article 3, les États parties :

(a) éliminent progressivement les barrières tarifaires et non-tarifaires au commerce des marchandises ;

(b) libéralisent progressivement le commerce des services ;

(c) coopèrent en matière d'investissement, de droits de propriété intellectuelle et de politique de concurrence ;

(d) coopèrent dans tous les domaines liés au commerce;

(e) coopèrent dans le domaine douanier et dans la mise en œuvre des mesures de facilitation des échanges ;
(f) établissent un mécanisme de règlement des différends '''concernant leurs droits et obligations ; et
(g) établissent et maintiennent un cadre institutionnel de mise en œuvre et de gestion de la ZLECA

Article 5

Principes

La ZLECA est régie par les principes suivants :
(a) action conduite par les États membres de l'Union africaine ;
(b) les Zones de libre-échange (ZLE) des CER comme piliers de la
ZLECA ;
(c) géométrie variable ;
(d) flexibilité et traitement spécial et différencié ;
(e) transparence et diffusion de l'information ;
(f) préservation des acquis ;
(g) traitement de la nation la plus favorisée (NPF) ;
6
(h) traitement national ;
(i) réciprocité ;
(j) libéralisation substantielle ;
(k) consensus dans la prise de décision ; et
(l) prise en compte des meilleures pratiques au sein des CER et dans le cadre des conventions internationales applicables à l'Union africaine.

Article 6

Champ d'application

Le présent Accord régit le commerce des marchandises, le commerce des services, les investissements, les droits de propriété intellectuelle et politique de concurrence.

Article 7

Clause de rendez-vous

1. Dans la poursuite des objectifs du présent Accord, les États membres engagent la phase II des négociations dans les domaines ci-après :

(a) les droits de propriété intellectuelle ;

(b) l'investissement ; et

(c) la politique de concurrence.

2. Les négociations visées à l'alinéa 1 du présent article commencent après l'adoption du présent Accord par la Conférence, et se déroulent en cycles successifs.

Article 8

Statut des protocoles, annexes et appendices

1. Les Protocoles sur le commerce des marchandises, le commerce des services, les investissements, les droits de propriété intellectuelle, la politique de concurrence et les règles et procédures relatives au règlement des différends ainsi que les Annexes et Appendices y relatifs font, dès leur adoption, partie intégrante du présent Accord.

2. Les Protocoles sur le commerce des marchandises, le commerce des services, les investissements, les droits de propriété intellectuelle, la politique de concurrence et les règles et procédures relatives au règlement des différends ainsi que les Annexes et Appendices y 7 afférents, forment un engagement unique, sous réserve de leur entrée en vigueur.

3. Les instruments supplémentaires, jugés nécessaires dans le cadre de la poursuite des objectifs du présent Accord sont conclus et font, dès leur adoption, partie intégrante du présent Accord.

TROISIÈME PARTIE
ADMINISTRATION ET ORGANISATION

Article 9

Cadre institutionnel de mise en œuvre de la ZLECA

Le cadre institutionnel pour la mise en œuvre, l'administration, la facilitation, le suivi et l'évaluation de la ZLECA comprend les organes suivants :

(a) la Conférence ;

(b) le Conseil des ministres ;

(c) le Comité des hauts fonctionnaires du commerce ; et

(d) le Secrétariat.

Article 10

La Conférence

1. La Conférence, en tant qu'organe suprême de prise de décision de l'UA, exerce un contrôle et donne des orientations stratégiques sur le fonctionnement de la ZLECA, y compris le Plan d'action pour stimuler le commerce intra-africain (BIAT).

2. La Conférence a autorité exclusive pour adopter les interprétations du présent Accord sur recommandation du Conseil des ministres.

L'adoption d'une interprétation est faite par consensus.

Article 11

Composition et fonctions du Conseil des ministres

1. Il est créé un Conseil des ministres composé des ministres africains en charge du commerce, ou d'autres ministres, autorités ou fonctionnaires dûment désignés par les États parties.

2. Le Conseil des ministres rend compte à la Conférence par l'intermédiaire du Conseil exécutif.

8

3. Le Conseil des ministres, dans le cadre de son mandat :

(a) prend des décisions conformément au présent Accord ;

(b) assure et veille à la mise en œuvre effective de l'Accord ;

(c) prend les mesures nécessaires pour la promotion des objectifs du présent Accord et d'autres instruments y afférents ;
(d) travaille en collaboration avec les organes et institutions compétents de l'UA ;
(e) encourage l'harmonisation des politiques, stratégies et mesures appropriées pour la mise en oeuvre effective du présent l'Accord ;
(f) institue des comités, groupes de travail ou groupes d'experts ad hoc ou permanents et leur délègue des responsabilités ;
(g) élabore son propre Règlement intérieur ainsi que celui de ses organes subsidiaires créés pour faciliter la mise en oeuvre de la ZLECA, et les soumet au Conseil exécutif pour approbation ;
(h) supervise les travaux de tous les comités et groupes de travail qu'elle peut créer en application du présent Accord ;
(i) examine les rapports et activités du Secrétariat et prend les mesures appropriées ;
(j) élabore les règlements, émet des directives et fait des recommandations conformément aux dispositions du présent
Accord ;
(k) examine et propose, pour adoption par la Conférence, le statut du personnel et le règlement financier du Secrétariat
(l) examine et soumet pour adoption par la Conférence, par l'intermédiaire du Conseil exécutif, la structure organisationnelle du Secrétariat;
(m) approuve les programmes de travail de la ZLECA et de ses organes
(n) examine les budgets de la ZLECA et de ses organes et les soumet à la conférence par l'intermédiaire du Conseil Exécutif ;
(o) formule des recommandations à la Conférence pour l'adoption de l'interprétation faisant autorité ; et

(p) exerce toute autre fonction conformément au présent Accord ou toute autre fonction qui pourrait lui être confiée par la Conférence.
9
4. Le Conseil des ministres se réunit au moins deux fois par an en session ordinaire et, en tant que de besoin, en sessions extraordinaires.
5. Les décisions prises par le Conseil des ministres, dans l'exercice de son mandat, sont contraignantes pour les États parties. Les décisions ayant une incidence juridique, structurelle ou financière sont, dès leur adoption par la Conférence, contraignantes pour les Etats parties.
6. Les États parties prennent les mesures nécessaires en vue de mettre en oeuvre les décisions du Conseil des ministres.

Article 12

Comité des hauts fonctionnaires du commerce

1. Le Comité des Hauts fonctionnaires du commerce est composé de secrétaires généraux ou directeurs généraux, ou de tout autre fonctionnaire désigné par chaque État partie.
2. Le Comité des Hauts fonctionnaires du commerce :
(a) met en œuvre les décisions du Conseil des ministres ;
(b) est responsable du développement des programmes et plans d'actions pour la mise en œuvre de l'Accord ;
(c) assure le suivi, examine en permanence et s'assure du bon fonctionnement et du développement de la ZLECA, conformément aux dispositions du présent Accord;
(d) crée des comités ou d'autres groupes de travail, en tant que besoin ;
(e) supervise la mise en œuvre des dispositions du présent Accord et, à cette fin, peut demander à un Comité technique d'étudier toute question particulière ;
(f) instruit le Secrétariat de la ZLECA de mener des missions Spécifiques ; et

(g) assume toutes autres fonctions conformément au présent Accord ou qui peuvent être requises par le Conseil des ministres.

3. Sous réserve de toutes directives émanant du Conseil des ministres, le Comité des Hauts fonctionnaires du commerce se réunit au moins deux fois par an et fonctionne conformément au règlement intérieur, tel qu'adopté par le Conseil des ministres.

10

4. Le Comité soumet au Conseil des ministres, à l'issue de chacune de ses réunions, un rapport pouvant contenir des recommandations.

5. Les CER sont représentées au sein du Comité des Hauts Fonctionnaires du commerce à titre consultatif.

Article 13

Le Secrétariat

1. La Conférence crée le Secrétariat décide de sa nature, sa localisation et approuve sa structure ainsi que son budget.

2. La Commission est le Secrétariat provisoire, jusqu'à ce que celui-ci devienne pleinement opérationnel.

3. Le Secrétariat est un organe institutionnel du système de l'Union africaine ayant une autonomie fonctionnelle et doté d'une personnalité juridique indépendante ;

4. Le Secrétariat est autonome vis-à-vis de la Commission de l'Union africaine ;

5. Les fonds du Secrétariat proviennent du budget annuel global de l'Union africaine;

6. Les pouvoirs et les fonctions du Secrétariat sont déterminés par le Conseil des ministres du Commerce.

Article 14

Prise de décisions

1. Les décisions des organes de la ZLECA sur les questions de fond sont prises par consensus.

2. Nonobstant les dispositions de l'alinéa 1, le Comité des hauts fonctionnaires du commerce renvoie pour examen,

par le Conseil des ministres, les questions sur lesquelles il n'a pu parvenir à un consensus. Le Conseil des ministres renvoie les questions à la Conférence en cas d'absence de consensus.

3. Les décisions sur les questions de procédure sont prises à la majorité simple des États parties ayant le droit de vote.

1 La Conférence, le Conseil des ministres et le Comité des Hauts fonctionnaires du commerce.

11

4. Les décisions visant à déterminer si une question est de procédure ou non sont également prises à la majorité simple des États parties ayant le droit de vote.

5. L'abstention d'un État partie habilité à voter n'empêche pas l'adoption des décisions.

Article 15

Dérogation

1. Dans des circonstances exceptionnelles, le Conseil des ministres peut accorder une dérogation à un État partie au présent Accord, à la demande d'un État partie, à condition qu'une telle décision soit prise à la majorité des trois-quarts2 des États parties, en l'absence de consensus.

2. Une demande de dérogation émanant d'un État partie concernant le présent Accord est soumise à l'examen du Conseil des ministres, en vertu de la pratique relative à la prise de décision par consensus. Le Conseil des ministres fixe un délai, qui ne doit pas dépasser quatre-vingt-
dix (90) jours, pour examiner la demande. Si le consensus n'est pas obtenu dans ce délai, la décision d'accorder une dérogation est prise à la majorité des trois-quarts des États parties.

3. Une décision du Conseil des ministres accordant une dérogation précise les circonstances exceptionnelles justifiant cette décision, les conditions et modalités régissant l'application de ladite dérogation et la date à laquelle cette dérogation prend fin. Toute dérogation

accordée pour une période de plus d'un an doit être réexaminée par le Conseil
des ministres, un (1) an au plus tard après son octroi, et ensuite annuellement jusqu'à la fin de la dérogation. Lors de chaque examen, le Conseil des ministres vérifie si les circonstances exceptionnelles justifiant la dérogation existent toujours et, si les conditions et modalités de la dérogation ont été respectées. Sur la base de l'examen annuel, le Conseil des ministres peut prolonger, modifier ou mettre fin à la dérogation.
2 Une décision visant à accorder une dérogation à toute obligation soumise à une période de transition ou à une période de mise en œuvre échelonnée des obligations découlant de l'Accord, de ses Protocoles et de ses Annexes, dont l'État partie requérant ne s'est pas acquitté à la fin de la période pertinente, ne peut être prise que par consensus.
12

QUATRIÈME PARTIE

TRANSPARENCE

Article 16

Publication

1. Chaque État partie publie dans les moindres délais ou met à la disposition du public, par des moyens accessibles3, ses lois, règlements, procédures et décisions administratives d'application générale ainsi que tout autre engagement pris en vertu d'un accord international portant sur toute question relative au commerce visée par le présent Accord.
2. Les dispositions du présent Accord n'exigent d'aucun État partie la divulgation d'informations confidentielles qui entraveraient l'application de la loi ou qui seraient contraires à l'intérêt public ou porteraient préjudice aux intérêts commerciaux légitimes d'entreprises publiques ou privées.

Article 17
Notification
1. Les lois, règlements, procédures et décisions administratives d'application générale ainsi que tout autre engagement contracté dans le cadre d'un accord international portant sur toute question commerciale visée par le présent Accord, adopté après son entrée en
vigueur, sont notifiées par les États parties dans l'une des langues de travail de l'UA à d'autres États parties à travers le Secrétariat.
2. Chaque État partie notifie aux autres États parties, par l'intermédiaire du Secrétariat, conformément au présent Accord, les mesures effectives ou envisagées qu'il considère comme pouvant affecter matériellement la mise en œuvre du présent Accord ou pouvant affecter de manière substantielle les intérêts de tout autre État partie.
3. À la demande d'un autre État partie, un État partie fournit dans les moindres délais des renseignements, et répond aux questions concernant une mesure prise ou envisagée, indépendamment du fait que l'autre État partie ait reçu ou non notification préalable de ladite mesure.
4. Toute notification ou tout renseignement fourni en vertu du présent article est sans préjudice de la conformité de la mesure avec le présent
Accord.
3 Par exemple, à travers le Journal officiel, les lettres d'information, les procès-verbaux ou sites Internet dans une des langues de l'Union africaine.
13
CINQUIÈME PARTIE
PRÉFÉRENCES CONTINENTALES
Article 18
Préférences continentales
1. Après l'entrée en vigueur du présent Accord, les États parties s'accordent, sur la base de la réciprocité, des

préférences qui ne sont pas moins favorables que celles accordées aux tierces parties dans le cadre de la mise en œuvre du présent Accord.
2. Un État partie donne aux autres États parties la possibilité de négocier des préférences accordées à des tiers avant l'entrée en vigueur du présent Accord et ces préférences se fondent sur la réciprocité. Au cas où un État partie s'intéresse aux préférences dans le présent alinéa, l'État partie donne aux autres États parties la possibilité de négocier sur une base de la réciprocité, en tenant compte des niveaux de développement.
3. Le présent Accord n'annule, ne modifie ni n'abroge les droits et obligations découlant d'accords commerciaux préexistants que les États parties ont conclus avec des tierces parties.

Article 19

Conflit et incompatibilité avec d'autres accords régionaux

1. En cas de conflit et d''incompatibilité entre le présent Accord et tout autre accord régional, le présent Accord prévaut dans la mesure de l'incompatibilité spécifique, sauf dispositions contraires du présent article.
2. Nonobstant les dispositions de l'alinéa 1 du présent article, les États parties qui sont membres d'autres communautés économiques régionales, d'autres accords commerciaux régionaux et d'autres unions douanières, et qui ont atteint entre eux des niveaux d'intégration régionale plus élevés que ceux prévus par le présent Accord, maintiennent ces niveaux entre eux.

14

SIXIÈME PARTIE
RÈGLEMENT DES DIFFÉRENDS

Article 20
Règlement des différends

1. Il est institué par le présent Accord un mécanisme de règlement des différends qui s'applique au règlement des différends entre les États parties.
2. Le mécanisme de règlement des différends s'applique conformément au Protocole sur les règles et procédures relatives au règlement des différends.
3. Le Protocole sur les règles et procédures relatives au règlement des différends établit entre autres un Organe de règlement des différends.

SEPTIÈME PARTIE
DISPOSITIONS FINALES

Article 21
Exceptions

Aucune disposition du présent Accord ne doit être interprétée comme dérogeant aux principes et valeurs contenus dans d'autres instruments pertinents pour la création et la pérennité de la ZLECA, sauf dispositions contraires des Protocoles au présent Accord.

Article 22
Adoption, signature, ratification et adhésion

1. Le présent Accord est adopté par la Conférence.
2. Le présent Accord est ouvert pour signature et ratification ou adhésion, aux États membres de l'UA, conformément à leurs législations nationales respectives.

Article 23
Entrée en vigueur

1. Le présent Accord et les Protocoles sur le commerce des marchandises, le commerce des services, les règles et procédures relatives au règlement des différends entrent en

vigueur trente (30) jours après le dépôt du vingt-deuxième (22ème) instrument de ratification.
15
2. Les Protocoles sur les investissements, les droits de propriété intellectuelle, la politique de concurrence et à tout autre instrument jugé nécessaire dans le cadre du présent Accord, entrent en vigueur trente
(30) jours après le dépôt du vingt-deuxième (22ème) instrument de ratification.
3. Pour tout État membre adhérant au présent Accord, les Protocoles sur le commerce des marchandises, le commerce des services et les règles et procédures relatives au règlement des différends entrent en vigueur pour ledit État partie à la date du dépôt de son instrument d'adhésion.
4. Pour les États membre adhérant au présent Accord, les Protocoles sur les droits de propriété intellectuelle, les investissements, la politique de concurrence et tout autre instrument jugé nécessaire dans le cadre de cet Accord, entrent en vigueur à la date du dépôt de leur instrument d'adhésion.
5. Le dépositaire informe tous les États membres de l'entrée en vigueur du présent Accord et annexes.

Article 24

Dépositaire

1. Le Dépositaire du présent Accord est le président de la Commission.
2. Le présent Accord est déposé auprès du Dépositaire, qui transmet une copie certifiée conforme à chaque État membre.
3. Un État partie dépose l'instrument de ratification ou d'adhésion auprès du dépositaire.
4. Le dépositaire notifie les États membres du dépôt de l'instrument de ratification ou d'adhésion.

Article 25

Réserves

Aucune réserve n'est admise au présent Accord.

Article 26

Enregistrement et notification

1. Dès l'entrée en vigueur du présent Accord, le dépositaire l'enregistre auprès du Secrétaire général de l'Organisation des Nations Unies, conformément à l'article 102 de la Charte des Nations Unies.

16

2. Les États parties, selon le cas, notifient individuellement ou collectivement l'Accord à l'OMC.

Article 27

Retrait

1. Après un délai de cinq (5) ans à compter de la date d'entrée en vigueur à son égard, un État partie peut se retirer du présent Accord en adressant une notification écrite aux États parties par le biais du dépositaire.

2. Le retrait est effectif deux (2) ans suivant la réception de la notification par le dépositaire, ou à une date ultérieure qui peut être spécifiée dans la notification.

3. Le retrait n'affecte pas les droits et obligations en cours de l'État partie avant le retrait.

Article 28

Révision

1. Le présent Accord peut faire l'objet de révision tous les cinq (5) ans après son entrée en vigueur, par les États parties, en vue d'assurer son effectivité, d'assurer une intégration plus poussée, et de l'adapter aux enjeux nouveaux du développement régional et international.

2. Suivant le processus de la révision, les États parties peuvent faire des recommandations d'amendement, conformément à l'article 29 du présent Accord, prenant en considération l'expérience acquise et les progrès réalisés au cours de la mise en œuvre du présent Accord.

Article 29
Amendements
1. Tout État partie peut soumettre au Dépositaire, une ou plusieurs propositions d'amendement au présent Accord.
2. Le Dépositaire transmet les propositions d'amendement aux États parties et au Secrétariat dans un délai de trente (30) jours à compter du jour de leur réception.
3. Tout État partie qui souhaite commenter sur les propositions d'amendement peut le faire dans un délai de soixante (60) jours à compter de la date de transmission et soumet ses commentaires au dépositaire.
17
4. Le Secrétariat transmet les propositions et commentaires reçus aux membres des Comités et Sous-comités appropriés de la ZLECA pour examen lors de leurs prochaines réunions.
5. Les Comités et Sous-comités compétents présenteront, à travers le Secrétariat, leurs recommandations au Conseil des ministres pour examen, à la suite desquelles une recommandation peut être faite à la Conférence par l'intermédiaire du Conseil exécutif.
6. Les amendements à l'Accord sont adoptés par consensus par la Conférence.
7. Les amendements au présent Accord entrent en vigueur conformément à l'article 23 du présent Accord.
Article 30
Textes originaux
Le présent Accord est établi en quatre (4) exemplaires originaux en langues anglaise, arabe, française et portugaise, tous les textes faisant également

BIBLIOGRAPHIE

ACEMOGLU, D. JOHNSON S. and ROBINSON J., 2005, "Institutions as the fundamental cause of the long run growth

ACEMOGLU, Daron, 2008, « An introduction to modern Economic Growth », in *Princeton University Press».*

AGENOR, P- R., and MONTIEL, P. J., 1996, Development Macroeconomics,

ALAGIDEDE, P .l, 2008, « Nominal exchange rates and price convergence, in the West African Monetary Zone", in *International Journal of Business and Economics*

ALESSINA, A. R., BARRO, and TENREYERO, S. 2002, Optimum currency areas, in *NBER Working paper*

AMIN, S., 1970, L'accumulation à l'échelle mondiale

ASDRUBALI, P., SORENSEN, B., and YOSHA, O., 1996, Channels o-sharing 1963-1990, in *Quarterly Journal of Economics of interstate Risk*

BALASSA, B., 1989, Comparative advantage trade policy and economic development.

BALASSA, B., 1965, "Trade in liberalization and revealed comparative advantage", in *Manchester Scholl, vol.33*

BARRO, R., 1983, "Rules, discretion and reputation in a model of monetary policy», in *Journal of monetary Economics" 12, p101-121*

BARRO, Robert, and GORDON, D., 1983, Rules, discretion and reputation in a model of monetary policy, in *Journal of monetary Economics*

BARRO, R., and SALA – I – MARTIN, X., Economic Growth, New York.

BAUDIN, T., and STELLER, R., 2005, "Rural Exodus and fertility at the time of Industrialization.

BAYOUMI, T and EICHENGREEN, B., 1994, One money or many? Analyzing the prospects for monetary Unification, in *NBER Working Paper*

BENASSY – QUERE, A., et COOPER, M.,, 2005, « On the adequacy of exchange rate arrangements in Sub-Saharan Africa", in *The World Economy, vol. 28.*

BEN – PORATH, Y., 1969, ", the production of human capital over time", in *Journal of political Economy 75.*

BECKER, G., 1964, Human capital: A theoretical and empirical Analysis with special Reference to education

BERNANKE, Ben, 1995,"The macroeconomics of the Great Depression: A comparative approach ", in *Journal of Money, credit and Banking 27, p1-2828.*

BETSEY Stevenson, and HOLFERS, Justin, 2008, « Economic Growth and Subjective Well-being: reassessing the EASTERLIN Paradox ».

BERGER, H., JENSEN., SCHJELDERUP, G.,2001, To peg or not to peg ? A simple model of exchange rate regime choice in small countries, in *Economic Letter, vol.73*

BHAGWATI, J., 1958, "Immiserizing growth: A geometrical note ", in *Review of Economic Studies.*

BHAGWATI, J., 1998, "Yes to free trade, maybe to capital control", in *Wall Street Journal.*

BORDO, Michael and SCHENK, Catherine, 2016, "Monetary cooperation and coordination : an historical perspective on the importance of rules", paper at Sanford University.

BORDO, Micheal, 1984, "the gold Standard: The traditional approach. In a retrospective On the classical gold standard", 1821-1931, in *University of Chicago Press*

BORDO, Micheal, 1993, The Breton Woods international monetary system: A historical overview: In a retrospective on the Breton Woods system: lessons for International monetary reform, in *University of Chicago Press.*

BOUGHTON, James, 2003, On the origins of Mundell-Fleming model, IMF Staff Papers

BRAMOULLE, G., et AUGEY, D., 1998, Economie monétaire, Dalloz.

BRANSON, W. H., 1981, Exchange rate policy for developing countries, Grossman and Lundberg, edition

BRASSEUL, J., et LAVRARD, C., 2016, Economie du développement, Arman Colin

BRUNO, M., and SACHS, J., 1995, Economics of worldwide stagflation, in *Harvard University Press*

BRUTON, H., 1998, « A reconstruction of import substitution », in *Journal of Economic Literature.*

BRUTON, H., 1985, "The search for a Development Economics", in World *Development.*

BUCHANAN, J. and TULLOCK, G., 1972, The theory of public choice, *University of Michigan Press.*

BUITER, W, 2008, Economic, political, and institutional prerequisites for monetary union among members of the Gulf Cooperation Council", in *Open Economic Review", 19, p579-612.*

BUITER, W., S. K. and VALEV, N., T., 2005, "Is the proposed East African Monetary An optimal currency area?", in *World Development.*

BUITER, H. W. 1998, "A reconsideration of import substitution", in *Journal of Economic Literature*

BUITER, H. W., 2000, "Optimal currency area: why does the exchange rate matter? ", in *Scottish Journal of Political Economy*

BUITER, H.W., CORSETTI, G., PESENTI, P., 1995, A Center – Periphery Model of Monetary coordination and exchange rate crises, CERP Discussion

BUTI. M. et SUARDY, M. 2000, Cyclical convergence or différentiation ? The European Union : an agnostic evaluation, CEPR discussion Paper

CALMFORS, Lars and DRIFFILL John 1998, Bargaining Structure, Corporation and Macroeconomic Performance, in *Economic policy vol.3*

CALVO, G. and REINHART, C.., 2002, Fear of floating, in *the quaterly Journal*

CESARANO, F., 2006, «The origins of the theory of optimum currency Areas«, in *History of Political Economy, p711-731.*

CHAINEAU, André, 1987, Qu'est-ce que la monnaie? éditions Economica

CLARK, G., and SMITH, B., 2012, "Malthus, Wages, and preindustrial Growth, ", in *The Journal of Economic history. Vol.78.*

CLARK, G., The Sun also rises: Surnames and the history of social mobility, in *Princeton University Press.*

CLINE, W., 1982, "Can Asian model of development be generalized? ", in *World Development.*

COOPER, R., 1977, "Worldwide versus regional integration: The optimum size of the integrated area», in *Chicago University Press.*

CORSETTI, G., 1992, "A portfolio approach to endogenous growth Aeton's Model Revisited" Paper 679

CORSETTI, G, and PESENTI, Paolo," 2002, Welfare and macroeconomic interdependence ", in *Quarterly Journal of Economics*

CORSETTI, Giancarlo, and PESENTI, Paolo, 2005, "International dimension of optimal monetary policy," in *Journal of monetary economics, vol. 52, p281-305*

CORDEN, W. M., 1977, Inflation, Exchange rate and the world economy

COSTA, Nathalie, 2017, Fiches de Macroéconomie, éditions Ellipses

DELLAS, H, 2005, "Mixed exchange rate systems, ", in *Journal of International Money and Finance" 24, p243-245.*

DELLAS, H., TAVLAS, G. S., 2005, Wage and monetary union, ", in *Economic Journal.*

DE GRAUWE, P., 2007, The Economics of monetary union, in *Oxford University Press.*

DE GRAUWE, P. and MONGELLI, F.., 2004, Endogeneity of optimum currency areas.

DE LA CROIX, D., et BAUDIN, thomas, 2015, La croissance économique

DJELHI-YAHOT, S. A, 2017, Gouvernance en Afrique : la théorie générale de la Gouvernance économique, éditions l'Harmattan, Paris.

DJELHI – YAHOT, S. A., 2001, La crise de liquidité dans l'économie ivoirienne des années 1980-1990.

DJELHI –YAHOT, S.A. 2019, *Zones monétaires et développement économique en Afrique*, éditions l'Harmattan, Paris

DJELHI-YAHOT, S.A., 2019, *Croissance économique sans développement en Afrique: la théorie de la croissance économique optimale*, éditions l'Harmattan, Paris.

DOLLAR, David and Art Kray, 2002 « Growth is good for the poor», in *Journal of Economic Growth, vol.7, n° 3, p.195-225*

DORNBUSCH, R., 1976," Expectations and exchange rate dynamics", in *Journal of Political Economy", p1161-1176.*

EASTERLIN, Richard, 1974, Does economic growth improve human lot?

EASTERLY, W., 2001, "The elusive quest for growth, Economists' adventures and misadventures in the tropics", *MIT Press*

EDWARD, S., 1989, Exchange Rates and News: A multi-currency Apporoach, in *Journal of International Money and Fiance,vol.3*

EHOUE,

EICHENGREEN, B., 2002, International Monetary Arrangements for the 21 st Century, Brookings, Washington., D.C.

EICHENGREEN, B., 2000, "Taming capital flows", World Development

EMMANUEL, A., 1969, L'échange inégal, Maspero.

ENGEL, C., and ROGERS, J. H., 1996, How wide is the border? ,in *American Economics Review*

ENGERMAN, S., and SOKOLOFF, 2002, Factor Endowments, Inequality, and Path Of development among New World Economy, NBER Working paper.,

FELDSTEIN, M, 1986, "A new evidence on the effects of exchange rate interventions" NBER Working Paper 2025

FERGUSON, N., and SCHURALICK, M, 2012, "The thin film of Gold: Monetary rules and policy credibility", in *European Review of Economic History.*

FISHER, Irving, 1911, The purchasing Power of money, Macmillan Company

FLOUZAT, Denise, 1974, Economie contemporaine, Tome II, PUF

FRANK, A, G, 1969, Le développement du sous-développement en Amérique Latine, Editions Maspero.

FRANKEL, J. and ROSE, A., 2002, "An estimate of the effect of currency unions on trade and income", in *Quarterly Journal of Economics, p437-466.*

FRANKEL, J., and ROSE, A., 1997, "The endogeneity of the effect of currency areas criteria ",in *Economic Journal, p1009-1025.*

FRIATIANNI, M and VON HAGEN, 1997, Central banking, as a political principal-agent problem, in *Economic enquiry, vol35*

FRIEDMAN, M., 1956, The quantity theory of money, a restatement, in *University of Chicago Press.*

FRIEDMAN, M., 1953, The case for flexible exchange rates, Milton Edition

FRIEDMAN, M., 1958, the supply of money and changes in price end output,

FRIEDMAN, M., 1969, "RoundTable on exchange rate policy", in *American Economic Review*

FRIEDRICH, L. S., 2013, Optimum Currency Area.

FONTAGNE, Leonel et FREUDENBERG, 1999, Marché unique et Développement des échanges

FORBES, K.J., 2000, A reassessment of the relationship between inequality et growth, in *American Economic Review, vol.90*

FURTADO, Celso, 1970, Théorie du Développement économique, PUF.

GALI, Jordi and TOMMASO, Monacelli, 2000 " Optimal Monetary Policy and exchange rate volatility in a small open economy", Boston College.

GALOR, O., 2005, The demographic transition and the emergence of sustained economic growth, in *Journal of the European Economic Association.*

GALOR, O., 2002, Natural selection and the origin of economic growth.

GEORGESCU – ROAGEN, Nicholas, 1971, The entropy law and the economic process

GERSCHENKRON, Alexander, 1962, Economic Backwardness in historical perspective

GIAVAZZI, F. and GIOVANNINI, L, 1989, Limiting exchange rate flexibility: The European monetary system

GIRTON, L., and ROPER, D., 1981, "The theory of implication of currency substitution", in *Journal of Money, credit and banking, vol.13, p12-30.*

GRAHAM, Frank, D., 1945, Exchange, Price, and production in hyperinflation: Germany 1920-1923.

GRJEBINE, A., 1980, La nouvelle économie internationale, PUF.

HALLWOOD, Paul. C and MACDONARLD, Ronald, 2000, International money and Finance, Blackwell Publishing.

HALM, George, 1945, International Monetary cooperation.

HANSEN, G., and PRESCOTT, 2002, Malthus to Solow.

HARBERGER, A. C., 2005, “On the process of growth and economic policy in developing Countries, USAID.

HARBERGER, A. C., 2005, On the process of growth and economic policy in developing Countries, USAID.

HARPAGES, D., et LATOUCHE, S., Le temps de la décroissance, édit. Thierry Mongnier

HILLMAN, A. L., 2003, Public Finance and Public Policy, in *Cambridge University Press.*

HAUSMANN, R., and KIINGER, B., “Structural transformation and Patterns of Comparative advantage in the product space”, *CID Working Paper.*

HANSEN, G. and PRESCOTT, E., 2002, Malthus to Solow,, in *American Economic Review*

HIRSCHMAN, Albert, 1957,” Economic Policy in underdeveloped countries, “.

HIRSCHMAN, Albert, 2003, Public Finance and Public Policy, in *Cambridge University Press.*

HONKAPOHJA, S. and PIKARAINEN, P., 1992, “Country characteristics and choice of Exchange rate Regime,” CERP Discussion Paper.

HOUSSA, R., 2008, “Monetary union in West Africa and asymmetric shocks “, in *Journal of development Economics*

HUGHES, Hallet and RUMMEL, 2000, Is the European Union a natural currency Area or do policy makers hold it together?

ISHIYAMA, Y., 1975,” On the desirable degree of flexibility in exchange rates”.

JAFFRE, Philippe, 1996, Monnaie et Politique monétaire

JOHNSON, Harry .G. “The case for flexible exchange rates”, in *FED of St. Louis, Review 51, p12-24.*

JOSHUA, Aizeman, 2010, The impossible trinity, University of California, Santa Cruz.

KENEN, .P. 1969, Theory of optimum currency areas.

KENEN, P. B., 2008, Currency unions and policy domains

KENDLEBERGER, C., 1996, World Economic Primary 1500-1990.

KENDLEBERGER, C., 1986, “International public goods without international government “, in *The American Economic Review.*

KIRKPATRIK, Colin, 1987, Trade policy and industrialization in less-developed countries, Grammell.

KISHOR, N. Kundan, and Ssozi, John, “Is the East African Community an optimal Currency area? “MPRA Paper 17645, University Library of Munich.

KONDRATIEV, N., 1935,” The long waves in economic life», in The *Review of Economics and Statistics, vol.17, P105-115.*

KRUEGER, Anne, 1987,” Debt, capital flows, and LDC’s growth, in *American Economic Review*“, vol.17 pp159-164

KRUGMAN, P., 1991,” Target zones and exchange rate dynamic”, in *Quarterly Journal of Economics”.*

KRUGMAN, P., 1991, Geography and Trade, Cambridge, MIT Press.

KRUGMAN, P., 1993, Six skeptical propositions about the EMU.

KUZNETS, S, 1955; Economic Growth and income inequality", in *American Economic Review*

KUZNETS, S., 1966, « Modern economic growth, Yale University Press 77,

KYDLAND, E. and PRESCOTT, E. 1977, Rules rather than discretion. The inconsistency of optimum plans, in *Journal of Political Economy.*

LE PAGE, J. M., 1991, Economie monétaire, édit. Cujas.

LASSUDRIE – DUCHENE, 1971, " La demande de différence et l'échange international, Cahiers de l'ISEA.

LASSUDRIE – DUCHENE, 1971, « Théorie du cycle des produits de Vernon. »

LATOUCHE, S., 1986, Faut – il refuser le développement ?, PUF

LERNER, A., "Discussion on international policy and the search for economic stability by By Ragwar Nurkse", in *American Economic Review 37, p590-594.*

LIPSCHITZ, L, 1979, Exchange rate policy for a small developing country, and the selection of an appropriate standard, IMF staff papers.

LUCAS, R., 2000," Some macroeconomics for the 21 st century", in *Journal of Economic Perspectives, 41.*

Malthus, T. 1798, An Essay on the Principle of Population.

MASSON, P. and PATILLO, C., 2005, "The monetary Geography of Africa Brooking Institution Press.

MANCUR, O, and CASTEL V., 2015, Country note: An African Economic outlook

MANCUR, O., 1996, "Big bills on the sidewalks: why some nations are rich and others Poor? ",in *Journal of Economic Perspective*

MEADE, J. E., 1951, The Balance of payments, in *Oxford University Press.*

MEADE, J., 1955, "The case for flexible exchange rate", ,in *Three banks Review, vol.27.*

McCULLUM, J., 1995, "national borders matter: Cana-US regional trade patterns",

MacDonald, R., and MARSH,I. W., 1997, Currency Spillovers and tripolarity: a Simultaneous Model of the US dollar, German mark, and Japanese yen. CERP Discussion Paper.

MacDonald, R. and MARSH, I. W., 1999, Exchange rates modelling, in *Kluwer Academic Press*

McKINNON, 1936, "Optimum currency Areas," American Economic Review, p717-725, in *American Economic Review, p712-723.*

McKINNON, R., 1969; "Discussion on the currency area problem", in *University of Chicago Press.*

McKINNON, R., and THAN, K-Y, 1983, "Currency Substitution and instability in the World dollar standard", in *American Economic Review.*

McKINNON, R, 1984, "An international standard for monetary stabilization, Washington, D.C., Institute for International Economics.

MEESE, R. and ROGOFF, K., 1984, "Empirical exchange rate model of the seventies: do they fit out of sample? ", in *Journal of International Economics.*

MEESE, R., and ROGOFF, K., 1988, "Was it real? The exchange rate - interest differential relation over the modern floating - rate period, in *Journal of Finance.*

MILL, ST. John, 1848, Principal of Economics.

MOKYR, J., 2012, The enlightened Economy. An economic history of Great Britain 1700 – 1850.

MONGELLI, F. P., 2002, "New views on the Optimum currency Area Theory: what is EMU telling us, in *European Central Bank working paper n° 138.*

MONTIEL, P. I., 1992, Real Exchange rate targeting under capital controls, IMF Staff Paper.

MOUHOUD, El Mouhoub, 2012, Les migrations internationales, leurs dynamiques et leurs effets: sortir des idées reçues,in *Ressources en Sciences Economiques et Sociales*

MUNDELL, R., 1961, "The theory of the optimum currency area", in *American Economic Review 53, p637-665.*

MUNDELL, Robert, 1997, Optimum currency Area.

MUSUNGAIE, André, 2010, " L'intégration monétaire en Afrique : particularité et rationalité économique.

MYRDAL, G., 1968, "Asian Drama: An inquiry into the poverty of nations.

NGUESSAN, Tchétché, 1996, Gouvernance et politique monétaire: À qui profitent les Banques centrales de la zone CFA ?, édit. L'Harmattan.

NOREL, Ph., 1997, Problèmes du développement économique. édit. Seuil.

NURKSE, Ragnar, 1953, Problems of capital formation in underdeveloped countries, in *Oxford University Press.*

OBSTFELD, M., ROGOFF, K., 1995, "Exchange rate dynamics redux," in *Journal of Political Economy 203, p624-660.*

OBSFELD, M. and ROGOFF, K, 1996, "Foundations of International Macroeconomic MIT Press

OBSFELD. M., and ROGOFF, K., 2002, "Global implications of self-oriented nation Monetary rules», in *The Quarterly Journal of Economics*

Pappa, E., 2004," Do the ECB and the FED really need to cooperate? Optimum monetary policy in a two country-world", in *Journal of monetary Economics, 51 p753-770*

PERSSON, T. and VOGGESLANG, T., 1992, "Nonstationary and level shifts and application to Purchasing Power Parity "in *Journal of Business and Economic Statistics"*

PERSSON, T, and TABELLINI, 2005, "Double edged incentive: institutions and policy coordination", in *Handbook of International Economics.*

POLAK, Jacques, 1997, "The IMF monetary model, IMF Working Paper, Washington, D.C.

PRASAD, Eswar, 2014, "The FED is not to blame for turmoil in Emerging markets, in Financial *Time.*

RAJAN, Raghuram, 2013, A step in the dark: unconventional monetary policy after the Crisis, "lecture at the Bank of International Settlement"

ROSENSTEIN – RODAN, P., 1943, "Problems of industrialization of Eastern and South Eastern Europe ", in *Economic Journal.*

RICARDO, David, 1817, On the principles of Political Economy and taxation, London

RODRIK, Dani, 1997, *Has globalization gone too far?*

RODRIK, Dani, 1999, *The new global economy and developing countries, making openness work*

RDRIK, Dani, 2007, The inescapable trilemma of the world economy

RODRIK,Dani, *2010, The end of an era in finance*

RODRIK, Dani and SUBRAMANIAN, 2014, Emerging markets, Victimhood Narrative, "Bloomberg.

ROGOFF, K., "Can International monetary coordination be counterproductive?" in *Journal of International Economics.*

ROGOFF, K., 1992, Traded goods, Consumption smoothing and the random walk.

ROGOFF, K., 1995, "The purchasing power parity puzzle", in *Journal of Economic Literature.*

ROMER, P., 1986, "Increasing returns and long run growth in *Journal of Political Economy.*

Rostow, w. w., 1960, The stages of Economic growth.

RUEFF, J., A dollar-reserve system as a transitional solution, in *Princeton University Press.*

RUEFF, J., 1991, " The West is risking a credit collapse", Fortune

SALA – I – MARTIN, Xavier, 2004, 15 years of New Growth Economics: what have we learned?

SAMUELSON, P. A., 1964, "Theoretical problems on trade problems", in *Review of Economics and Statistics,* vol.46.

SAMUELSON, P. A., and SOLOW, R., 1954, Balanced growth under constant returns to scale, Econometrica.

SAVVIDES, A., 1993, "Real exchange rate variability and the choice of exchange rate regime by developing countries, in *Journal of International money and Finance, vol.9*

SCHIFFER, J., 1981, "The changing Post-war pattern of development: An accumulated Wisdom of Samir Amin", in *World Economic Development.*

SCHUBERT, K., 1996, Macroéconomie: comportement et croissance, éditions Vuibert.

SCITOVSKY, T, 1978, Economic theory and Western European Integration.

SINGLETON, J. , 2011, Central banking in the twentieth-century, in *Cambridge University Press*

SKUDENLY, F, 2003, Exchange-rate uncertainty and Trade: a survey.

SCHUMPETER, Joseph, The business cycles, 1939.

SMITH, Adam, 1776, The Wealth of nations.

SOLOW, Robert, 1974, The economics of resources or the resources of economics.

SOLOW Robert, 1956, A contribution to the Theory of Economic Growth

STIGLITZ, J., 1974, Growth with exhaustible natural resources.

SVENSON, Lars E., 1998, "Open-economy inflation targeting", *CEPR Discussion paper.*

TAVLAS, George. S. and DELLA S Harris, 2009, "An optimum-currency –area odyssey".

TAYLOR, John, 1993, discretion versus policy rules in practice.

TAYLOR, John, International monetary coordination and the great deviation,' in *Journal of Policy Modeling, vol.39, p.463-472*

TAYLOR, John, 2013, International monetary coordination: Past, Present and future", Paper at the annual meeting of the Bank of International Settlements

TCHUNDJANG, Joseph, 1975, " A la recherche du temps perdu dans les relations Economiques internationales, in *Revue Internationale des Sciences Sociales*

TCHUNDJANG, Joseph, 1980, Monnaie, servitude et liberté: la répression monétaire de l'Afrique, édit. J.A.

TEMIN, P., 1989, « Lessons from the great depression, *Harvard University Press* »

THOMAS, Vinod; WANG, Y., KISHER; N., 2000, The quality of growth, Oxford University Press

THOMAS, Vinod, 1991, Challenge of development, World Development

TONIOLO, G., 2005, Central bank cooperation at the Bank for International Settlements

TOWER,E. and ILLET, T.,1976,The theory of optimum currency areas and exchange rate flexibility: A more general framework, in *special Papers in international economics, 11, Princeton University*

TSANGARIDES, C. G., and QURESHI, M., « Monetary membership in West Africa: A Cluster analysis", *World Development, vol.36.*

VERNON, R., 1966, "International investment and International trade in the product Cycle", in *Quarterly Journal of Economics "vol.80*

WALSH, Carl, 1995, "Optimal contracts for central bankers", in *American Economic Review.*

WANG, J., MASHA, I., SHIRONO, K. and HARRIS, L., 2007, "The common Monetary Area in Southern Africa:

Shocks, Adjustment, and Policy Challenges, *IMF Working Paper"*.

WEIL, G., 1987, "The pegging practices of less developed countries: A look at recent Behavior ", in *Eastern Economic Journal, p49-53*.

WEIL, David, VERNON, Henderson, and ADAM Stireygard, 2011, « A bright idea for measuring economic growth», in *American Economic Review, vol. 101, nº 3, may, Pp194-199*.

WILLIAMSON, J., 1977, "the failure of world monetary reform, 1971-1974.

YAMAY, S. Basil, 1957, The Economic Progress of the under-developed countries, in *Cambridge University Press*.

EHOUE, Etienne, 2007, "The CFA Arrangements. More than just an aid substitute", *IMF Working paper*.

ZHENG,Liu and EVI Pappa, 2005, " Gains from international monetary policy coordination: Does it pay to be different?

ZHAO, Ziaodan and KIM, Y., 2009, "Is the CFA franc zone an optimum currency Area?", World Development.

TABLE DES MATIÈRES

www.ingramcontent.com/pod-product-compliance
Lightning Source LLC
LaVergne TN
LVHW010927061026
849535LV00007B/2267

* 9 7 8 2 3 4 3 2 1 8 6 4 9 *